RÉCITS

HISTORIQUES

Traduit librement de l'anglais

TOULOUSE
SOCIÉTÉ DES LIVRES RELIGIEUX
DÉPÔT : RUE ROMIGUIÈRES, 7

1879

RÉCITS HISTORIQUES

PUBLIÉ PAR LA SOCIÉTÉ DES LIVRES RELIGIEUX DE
TOULOUSE.

TOULOUSE. — IMP. A. CHAUVIN ET FILS, RUE DES SALENQUES, 28.

LUTHER ENFANT CHANTANT DES CANTIQUES DEVANT LA PORTE D'URSULE COTTA.

RÉCITS

HISTORIQUES

Traduit librement de l'anglais

TOULOUSE
SOCIÉTÉ DES LIVRES RELIGIEUX
DÉPÔT : RUE ROMIGUIÈRES, 7

1879

RÉCITS HISTORIQUES

Ville de Lyon.

I

Le marchand de Lyon.

Il y a environ sept cents ans que vivait à Lyon un riche marchand nommé Pierre Waldo. Sa maison était bâtie sur la langue de terre qui sépare les deux belles rivières du Rhône et de la Saône. A cette époque reculée, la ville était entourée de murs et l'on franchissait des portes sombres pour pénétrer dans des rues étroites. Les maisons, hautes de six ou sept étages, étaient richement ornées de sculptures sur bois et les toits avancés se rejoignaient presque, projetant une ombre épaisse au-dessous d'eux. Depuis longtemps déjà Lyon était devenu le siège florissant d'un commerce des plus étendus. Ses quais offraient un spectacle animé; partout on entendait le bruyant tic-tac des métiers de tisserand, et déjà, plus de trois siècles avant l'introduction de l'industrie des soies en France, on eût pu pressentir la prospérité future de cette grande cité.

Pierre Waldo jouissait d'une grande réputation comme marchand. Le succès avait couronné ses entreprises, et il était connu de ses concitoyens pour sa droiture et sa générosité. C'est alors qu'un douloureux accident dont il fut témoin le rendit soucieux du salut de son âme.

Un soir, il était à table en joyeuse compagnie. Soudain, au milieu d'une conversation animée, l'un des convives s'affaisse sur lui-même. On s'empresse autour de lui, on le relève : il était mort.

Depuis ce jour Waldo devint un « chercheur » anxieux de la vérité. Autour de lui, un peuple chargé d'iniquités croyait trouver la paix et le pardon dans les vaines pratiques de l'Eglise romaine. Mais Pierre Waldo se sentait pécheur; il savait qu'il n'était pas préparé à la mort, et lorsqu'il demandait aux prêtres : « Que dois-je faire pour être sauvé? » les prêtres ne lui donnaient pas de réponse satisfaisante. Assurément la Bible lui eût fourni la réponse, mais Waldo ne possédait pas la Bible. Riche comme il l'était, il lui manquait le plus précieux de tous les trésors. Les seuls exemplaires des saintes Ecritures que l'on possédât alors étaient soigneusement conservés dans des bibliothèques où le public n'avait point accès. Ils étaient tous écrits en latin, de sorte que pour les comprendre il eût fallu connaître cette langue.

Quelque temps après, Waldo se procura divers livres de piété des « Pères de l'Eglise. » On désigne sous ce nom des hommes pieux qui succédèrent aux apôtres et continuèrent leur ministère, avant que la religion chrétienne n'eût été corrompue comme elle le fut plus tard. Waldo trouva dans ces livres un grand nombre de passages du Nouveau Testament qui furent une lumière et une consolation pour son âme. Ces fragments précieux accrurent encore son ardent désir de posséder la Bible tout entière.

Enfin, après bien des recherches infructueuses, il eut la joie de se procurer une copie complète des saintes Ecritures. En échange il avait dû verser une forte somme d'argent; mais qu'était-ce que cela, en comparaison des vérités qu'il y découvrit? Ce livre lui montra un « *chemin nouveau* » pour s'approcher de

Dieu : « Jésus-Christ, le seul médiateur entre Dieu et les hommes. » Ses angoisses cessèrent, et il se sentit un nouvel homme. Il possédait la lumière et la joie, car il avait trouvé le salut par la foi au Sauveur.

Pierre Waldo était aimé de ses concitoyens. Plus d'une fois il avait généreusement employé sa for-

Waldo instruisant les pauvres.

tune au soulagement des pauvres. Désormais, sans refuser toutefois aux nécessiteux la nourriture qui périt, il s'efforça de leur distribuer « le pain de vie » qui demeure éternellement. Tout autour de lui la multitude des pécheurs gémissait sous les pesants fardeaux que les prêtres leur avaient imposés. Cette condition misérable l'émut jusqu'aux larmes, et il résolut de dire à tous comment il avait trouvé la paix de son âme. Dans son zèle, il allait de maison en maison parler de l'œuvre admirable de Jésus. Il disait que Dieu réclame uniquement de nous la repentance, la foi en son Fils et une vie sainte. Il tenait des réunions dans les chaumières des pauvres, visitait les malades, exhortait les mourants, et se retirait dans les bois pour enseigner aux « *chercheurs* » sérieux le chemin de la vérité. Faut-il s'étonner après cela, que le peuple aimât cet homme qui prenait soin de ses intérêts terrestres aussi bien que de ses intérêts éternels?

Pierre Waldo ne désirait plus maintenant qu'une chose : c'est que les Ecritures fussent traduites dans la langue du peuple. On se servait alors de la *Vulgate*, ainsi nommée parce qu'elle était en usage dans presque toutes les églises. Mais elle était en latin, et, bien que les langues de l'Europe aient conservé un grand nombre de mots latins, le *vulgaire* ne pouvait la lire.

Que ferions-nous si nous ne possédions pas la Bible dans notre propre langue? La Bible en latin ne serait d'aucune utilité à la plupart d'entre nous. Et cependant le plan des prêtres romains était précisément de la conserver dans une langue étrangère afin que les autres ignorassent les vérités sacrées qu'elle renferme pour tous.

Il faut que le peuple ait la Bible dans sa propre langue, se dit Pierre Waldo; et bientôt l'œuvre fut entreprise. On ignore s'il la traduisit lui-même ou s'il la fit traduire. Peut-être se chargea-t-il d'une partie du travail, laissant à d'autres le soin de l'achever.

Quelques portions détachées parurent d'abord, puis la Bible tout entière. Waldo n'y épargna ni peine ni argent; il connaissait le prix de l'Evangile et il eût désiré que chacun de ses concitoyens en possédât un exemplaire. Mais l'art de l'imprimerie n'était pas encore connu. Il fallait en faire à la main des copies qui réclamaient de longs et persévérants efforts. Ajoutons qu'une seule copie représentait une forte somme d'argent, ce qui limitait forcément les distributions du pieux marchand de Lyon. Mais son ardent amour des âmes triompha de toutes les difficultés, et bientôt l'Evangile pénétra dans bien des familles de Lyon et des environs. Bénie soit la mémoire de ce courageux citoyen, qui, le premier, permit aux Français de lire la Parole de Dieu dans leur propre langue !

Pierre Waldo rendit encore d'autres services à son pays. A côté de sa petite Société biblique, il fonda une Société des missions. Un grand nombre d'habitants avaient été convertis par sa parole. Il les envoya deux par deux dans les contrées avoisinantes pour distribuer l'Evangile. De grandes multitudes furent ainsi amenées à la connaissance de la vérité qui est en Jésus, grâce aux efforts de ces « Pauvres de Lyon, » nom sous lequel furent désormais connus ces humbles mais courageux missionnaires.

Un historien catholique nous apprend comment ces colporteurs bibliques procédaient à leurs distributions. Ils portaient une grande « balle » ou boîte remplie de menus objets qu'ils étalaient de maison en maison. Puis, ils ajoutaient discrètement, qu'ils avaient encore en réserve d'autres richesses, de précieux joyaux, qu'ils étaient prêts à faire voir si on le leur permettait. Ils tiraient alors de leur « balle, » ou de dessous leur large manteau, une Bible, dont ils faisaient valoir le prix inestimable, pressant vivement leurs auditeurs d'en faire l'acquisition. Un poète nous a dépeint un de ces colporteurs déployant ses riches étoffes et ses bijoux devant la dame d'un château.

— Oh ! regardez, ma noble et belle dame,
Ces chaînes d'or, ces joyaux précieux.
Les voyez-vous, ces perles dont la flamme
Effacerait un éclair de vos yeux?
Voyez encor ces vêtements de soie
Qui pourraient plaire à plus d'un souverain.
Quand près de vous un heureux sort m'envoie,
Achetez donc au pauvre pèlerin !

La noble dame, à l'âge où l'on est vaine,
Prit les joyaux, les quitta, les reprit,
Les enlaça dans ses cheveux d'ébène,
Se trouva belle, et puis elle sourit.

— Que te faut-il, vieillard ? des mains d'un page
Dans un instant tu vas le recevoir.
Oh ! pense à moi si ton pèlerinage
Te reconduit auprès de ce manoir.

Mais l'étranger, d'une voix plus austère,
Lui dit : — Ma fille, il me reste un trésor
Plus précieux que les biens de la terre,
Plus éclatant que les perles et l'or.
On voit pâlir, aux clartés dont il brille,
Les diamants dont les rois sont épris.
Quels jours heureux luiraient pour vous, ma fille,
Si vous aviez ma *perle de grand prix.*

— Montre-la-moi, vieillard, je t'en conjure ;
Ne puis-je pas te l'acheter aussi ?
Et l'étranger, sous son manteau de bure,
Chercha longtemps un vieux livre noirci.
— Ce bien, dit-il, vaut mieux qu'une couronne,
Nous l'appelons la *Parole de Dieu.*
Je ne vends pas ce trésor, je le donne ;
Il est à vous : le ciel vous aide ! adieu !

Il s'éloigna. Bientôt la noble dame
Lut et relut le livre du Vaudois.
La vérité pénétra dans son âme,
Et du Sauveur elle comprit la voix ;
Puis un matin, loin des tours crénelées,
Loin des plaisirs que le monde chérit,
On l'aperçut dans les humbles vallées
Où les Vaudois adoraient Jésus-Christ.

G. de Félice.

Les succès de Pierre Waldo ne pouvaient manquer d'irriter la cour de Rome. Le pape l'anathématisa et ordonna à l'archevêque de Lyon de le poursuivre avec la dernière rigueur. L'archevêque mande Waldo et lui dit :

— Si tu prêches encore l'Evangile, je te fais condamner comme hérétique et tu seras brûlé.

— Et comment pourrais-je me taire, quand il s'agit du salut des hommes? répondit courageusement le pieux marchand.

Des soldats furent envoyés pour l'arrêter, mais ils craignirent le peuple et n'osèrent mettre la main sur lui. Pendant trois ans, ses amis le protégèrent ainsi contre ses redoutables adversaires, mais le jour vint où, n'étant plus en sûreté dans la ville, il dut s'enfuir et se cacher dans les environs. Il se mit aussitôt à prêcher l'Evangile, à expliquer la Bible, et Dieu bénit abondamment ses travaux.

Waldo et ses colporteurs étaient sans cesse en butte aux persécutions et aux injures de leurs ennemis. On les traitait de « sorciers, » de « coupe-gorge, » de « turlupins » (*gens qui vivent avec les loups*). Souvent, à l'exemple de leur divin Maître, ils n'avaient pas un lieu où reposer la tête ; les bois et les cavernes étaient leur refuge. Le seul titre de « pauvres de Lyon » les désignait au mépris public. On pouvait alors dire d'eux comme des héros de la Bible : « Ils erraient dans les déserts, sur les montagnes, dans les cavernes et les antres de la terre, dénués de tout, persécutés, maltraités, » et l'on peut bien ajouter aussi : « Eux dont le monde n'était pas digne » (Héb., XI, 37).

Un jour, trente-cinq d'entre eux furent condamnés à être brûlés vifs. Ils montèrent sur le bûcher tout rayonnants d'une sainte joie et remerciant Dieu de les avoir jugés dignes de travailler et de souffrir pour le Sauveur.

Mais la vérité divine ne saurait être brûlée : Dieu lui-même veille à sa conservation. En dépit de la rage de leurs ennemis, partout où Pierre Waldo et ses colporteurs avaient passé, l'Evangile fit son chemin et convertit beaucoup d'âmes. Ainsi fut implantée la « petite semence » de cette religion de la Bible, qui, trois ou quatre cents ans après, crût, se développa et amena la grande Réforme protestante qui devait porter un coup si terrible à la puissance de l'Eglise romaine.

Mais qu'advint-il de Pierre Waldo? Après avoir fait beaucoup de bien et donné à ses concitoyens l'exemple d'une vie édifiante, il se réfugia en Bohême, où il mourut paisiblement en 1179. Depuis lors, sa mémoire est en vénération, et c'est avec reconnaissance que l'on prononce le nom de ce pieux marchand qui consacra sa fortune et sa vie au service du Maître, et qui, le premier en Europe, offrit au peuple la Bible traduite en langue vulgaire.

Après de longues et cruelles persécutions, la plupart des disciples de Waldo se joignirent aux Vaudois, peuple courageux et simple, qui ne s'était jamais soumis au joug de l'Eglise romaine. Ils partageaient la même foi et désiraient vivre ensemble, pour s'aider mutuellement à la pratique de l'Evangile. Ainsi unis, et quoique ignorés du monde, ils furent pendant des siècles le « petit troupeau » perdu dans les paisibles vallées du Piémont. Il est vrai qu'à plusieurs reprises, leurs ennemis se ruèrent sur eux pour les exterminer. Cependant, jusqu'à nos jours, ceux qui subsistent encore de ce petit peuple sont demeurés fidèles à la pure religion de Jésus-Christ.

En lisant l'histoire de ces héros chrétiens qui jadis ont représenté l'Eglise, puissions-nous ambitionner de posséder la même constance et la même foi, afin d'hériter la « *couronne de vie que Dieu a promise à ceux qui l'aiment!* »

II

Le bon curé de Lutterworth.

C'était sous le règne d'Edouard III. Les habitants de Londres se rendaient en foule à la vieille cathédrale de Saint-Paul. Les cris et l'agitation bruyante de la multitude, qui se pressait dans les rues étroites, et se massait autour de l'église, temoignaient qu'une discussion passionnée était engagée sur quelque sujet important. Quel évènement extraordinaire les avait donc attirés, à cette heure matinale d'une journée d'hiver ?

Un prêtre nommé Wiclef allait comparaître devant le tribunal suprême, pour se justifier des accusations portées contre lui. Il arriva bientôt, vêtu d'une simple robe noire et coiffé d'un petit bonnet rond. Une longue barbe blanche descendait jusque sur sa poitrine. Il paraissait calme et nullement effrayé des clameurs du peuple. Lentement il traversa la foule et se rendit à la petite chapelle attenante à la cathédrale, où l'évêque et les juges avaient déjà pris place.

L'accusé n'était pas seul. Deux nobles seigneurs, vêtus de velours et d'or, marchaient à ses côtés. L'un d'eux, le duc de Lancastre, se plaça à sa

Comparution de Wiclef devant l'évêque de Londres.

gauche ; l'autre, lord Percy, se tint à sa droite. Quand les juges virent les amis puissants venus pour défendre sa cause, ils furent remplis de fureur et les accusèrent d'être les ennemis de la religion et du roi. A cette provocation, le duc répondit en menaçant l'évêque, et bientôt l'assemblée tout entière fut dans une extrême confusion. Témoin impassible de ce désordre, Wiclef se tenait debout devant ses juges, sans prononcer une parole.

Quand la foule qui assiégeait les portes entendit ce bruit, elle se mit à insulter le bon prêtre ; puis, se précipitant à travers les rues de la ville jusqu'au palais du duc, elle le saccagea de fond en comble. Pauvres gens ! les prêtres leur avaient persuadé que Wiclef et ses amis voulaient abolir la religion du pays, et, dans leur ignorance, ils se portaient à ces excès. Ce fut une scène analogue à celle dont Paul fut témoin à Ephèse : « Toute la ville fut remplie de confusion » parce que Démétrius et ses ouvriers, craignant de perdre leur gain, excitèrent le peuple et s'opposèrent à la prédication de l'Evangile.

L'année suivante, Wiclef comparaissait de nouveau devant le même tribunal. Uue foule immense l'entourait. Mais cette fois on ne l'injuriait plus ; on avait appris à l'aimer, et les habitants, qui goûtaient beaucoup ses prédications, étaient accourus pour défendre sa cause.

Ils envahirent le tribunal et demandèrent qu'il ne lui fût fait aucun mal. Les prêtres espéraient bien le condamner ; mais, effrayés de l'attitude résolue du peuple, ils le laissèrent aller en liberté.

Quel était donc le crime de Wiclef? demande peut-être le lecteur. Le voici : le pape avait adressé trois lettres ou « bulles, » l'une aux évêques, l'autre à l'université d'Oxford, et la troisième au roi. Dans ces bulles il accusait l'humble prêtre de plusieurs crimes, et il ordonnait qu'on le mît en prison, en attendant de nouvelles instructions de Rome.

Wiclef était-il donc un faux docteur prêchant des doctrines dangereuses, un traître, un mauvais citoyen ? Nullement. Son seul crime était de chercher la vérité et de vouloir affranchir ses concitoyens du joug que les moines et les frères faisaient peser sur eux. Et c'est parce qu'il parlait et agissait dans ce but, que le pape avait résolu de le faire mettre à mort.

Il y avait alors en Angleterre des milliers de moines. Ces moines vivaient seuls et séparés du monde ; leurs demeures s'appelaient « *monastères* » ou maisons de retraite.

Parmi eux, on remarquait surtout les « *Frères mendiants* » qui pullulaient un peu partout. Ils parcouraient le pays en tout sens, extorquant l'argent du pauvre comme du riche, et vivant d'aumônes. Bien qu'ils eussent fait vœu de pauvreté, ils n'étaient pas de ces « pauvres en esprit, » de ces « débonnaires » dont parle l'Ecriture. Comme les pharisiens d'autrefois, ils se prétendaient meilleurs que les autres, et leur vie était remplie de péchés. Ils enseignaient des commandements d'homme, et proclamaient que tous ceux qui appartenaient à leur Ordre étaient sûrs de leur salut.

Quand Wiclef vit la conduite des moines, il en fut indigné. Comment allait-il combattre de telles erreurs ? Il écrivit un livre dans lequel il les appelait « la peste de la société, les ennemis de la religion et les auteurs de toutes les calamités publiques. » Furieux de ces attaques, les moines ne demandaient qu'à seconder les poursuites du pape, espérant bien que les juges condamneraient l'audacieux prêtre à la prison ou à la mort. Mais loin d'être effrayé, Wiclef continua à écrire et à prêcher contre eux avec une telle violence, que sa santé en fut gravement ébranlée.

Un jour que, couché sur son lit, il paraissait toucher à sa fin, quelques moines pénétrèrent dans sa chambre, lui reprochant amèrement tout le mal qu'il leur avait fait et l'exhortant à faire amende honorable avant de mourir. Pendant quelques instants il les écouta en silence, mais tout à coup, il se souleva brusquement et cria d'une voix tonnante :

— « Non, je ne mourrai pas ; je vivrai pour dénoncer vos mauvaises actions. »

Cette sortie imprévue épouvanta les moines, qui s'enfuirent avec précipitation.

Quand Wiclef fut rétabli, il se retira dans une petite ville dont il était curé. C'est là qu'il entreprit la traduction de la Bible en anglais. Donner au peuple la Parole de Dieu dans sa propre langue,

Wiclef et les moines.

n'était-ce pas la meilleure manière de couronner

sa campagne contre les prêtres? Il se mit donc résolument à l'œuvre.

C'était une entreprise difficile pour un seul homme, mais la foi et l'amour le soutinrent. Chaque année voyait l'œuvre avancer lentement ; les pages s'ajoutaient aux pages, les livres aux livres. Enfin en 1380, le dernier verset du Nouveau Testament fut traduit et la Bible entière parut en anglais. Ce fut un beau jour pour Wiclef ; il tomba à genoux et pria Dieu de bénir sa parole pour les âmes.

A cette époque reculée, nous l'avons vu, les livres étaient très rares et coûtaient fort cher, car l'art de l'imprimerie n'était pas encore connu. La bibliothèque de l'université d'Oxford ne renfermait alors que quelques ouvrages enchaînés ou soigneusement conservés dans des tiroirs. Tous les livres étaient manuscrits et, pour copier la Bible entière, il fallait plusieurs mois. Aujourd'hui, une presse imprime quinze ou vingt exemplaires de la Bible en une heure, et des milliers chaque année. Le livre des Psaumes annoté était évalué à 190 francs de notre monnaie actuelle et une seule copie du Nouveau Testament se vendait couramment 70 francs.

Malgré les dangers attachés à la lecture des saintes Ecritures, les personnes cultivées s'en procuraient les copies avec empressement. Mais l'instruction était peu répandue. Beaucoup de nobles et de bourgeois ne savaient même pas écrire leur nom, et peu d'hommes du peuple étaient en état de lire. Il est triste de penser que, pendant des siècles, l'Angleterre a été privée de la lumière d'en haut, et que les erreurs les plus funestes y ont été enseignées par les prêtres.

C'est à ce moment que Wiclef se leva comme une lumière dans les ténèbres. Ses nombreux écrits et surtout sa Bible se répandirent au loin. Il composa également un grand nombre de sermons dont près de trois cents nous ont été conservés. Nous y trouvons la pensée même de Wiclef et les vérités qu'il annonçait au peuple.

Les prêtres enseignaient que les bonnes œuvres, les souffrances, les jeûnes, les pèlerinages ouvraient le ciel au pécheur. Wiclef, au contraire, prêchait que l'homme pécheur ne peut se sauver lui-même, et que le salut ne s'obtient que par la foi au sang et aux mérites de Jésus-Christ.

Les prêtres affirmaient qu'il faut adorer les images, et qu'il y a plusieurs médiateurs entre Dieu et les hommes. Le hardi réformateur disait à ses auditeurs que l'adoration des images est une idolâtrie, qu'il ne faut invoquer ni les saints, ni les anges, et qu'il n'y a qu'un seul médiateur entre Dieu et les hommes, savoir Jésus-Christ. Il prétendait encore que l'Eglise de Rome n'est pas plus la tête de l'Eglise chrétienne qu'aucune autre, et que l'apôtre Pierre n'avait pas reçu des pouvoirs supérieurs à ceux des autres apôtres. Toutes ces assertions, il les faisait reposer sur l'Ecriture qu'il proclamait le seul guide infaillible pour l'homme.

Assurément Wiclef ne saisit pas toutes les vérités de la Bible dans leur plénitude. Mais il en savait assez pour remarquer que plusieurs des doctrines

Eglise de Lutterworth.

professées par l'église romaine ne se trouvent pas dans la Bible. Sa gloire est d'avoir remis en lumière l'Evangile dans sa pureté primitive, et d'avoir ainsi préparé les voies à la grande Réforme du seizième siècle.

On l'aimait beaucoup dans sa paroisse. Une foule de paysans accouraient des environs pour entendre l'Evangile de sa bouche. Souvent on le voyait allant de maison en maison, un bâton à la main, et une portion de sa grosse Bible sous le bras. Les châteaux des nobles, les fermes, les maisons isolées reçurent plus d'une fois ses visites. Il était l'ami de tous, toujours prêt à donner un conseil, à prier et à consoler, cherchant le bien des âmes en dépit de la haine de ses adversaires, qui le combattirent jusqu'à la fin et eussent bien voulu le mettre à mort. Mais Dieu ne le permit pas.

Tant de fatigues épuisèrent le vaillant réformateur. Un jour, à l'église, il fut pris de faiblesse et tomba sur le sol. On le transporta chez lui où, quelques jours après, il expira sans avoir recouvré l'usage de la parole.

Il laissait après lui un grand nombre de disciples qui continuèrent son œuvre, et ses écrits, répandus dans toute l'Europe, réveillèrent beaucoup d'âmes et les préparèrent à une connaissance plus complète de l'Evangile.

Impuissants à lui nuire de son vivant, ses ennemis montrèrent après sa mort de quelle haine ils étaient animés. Ils exhumèrent son corps, le brûlèrent avec ses écrits et jetèrent les cendres dans la rivière.

Mais comme dit un écrivain de ce temps : « de là elles furent transportées dans la Severn, de la Severn elles passèrent dans la mer et de la mer dans l'immense Océan. » Image même de cette vérité divine qui, partie d'une petite ville d'Angleterre, devait bientôt couvrir le monde entier, conformément à la parole de Dieu qui déclare qu'un jour elle s'étendra jusqu'aux extrémités de la terre.

Ce simple récit nous montre quels combats ont livrés les hommes de Dieu, et quels dangers ils ont courus pour l'Evangile. Comme eux, soyons les hérauts de la vérité et, sans ostentation, sans bruit, mais avec douceur, sachons instruire « ceux qui sont d'un sentiment contraire. » La petite semence qu'ils ont jetée a pris racine, elle a crû, et aujourd'hui elle est devenue un grand arbre à l'ombre duquel nous vivons en paix. Grâce à leurs efforts héroïques, nous possédons la Bible. Lisons-la, étudions-la et donnons-nous au Sauveur qu'elle nous révèle et dans les bras duquel elle nous conduit.

La chaire de Wiclef à Lutterworth.

III

Le martyr de la Bohême.

Il y a maintenant un peu plus de quatre cents ans qu'un petit peuple se réfugia dans les montagnes et les forêts de la Bohême. C'étaient les disciples du pieux marchand lyonnais dont nous avons parlé précédemment. L'intrépide Pierre Waldo avait trouvé dans ces régions encore à moitié sauvages un asile et une sépulture, et c'est dans un de leurs humbles villages que naquit Jean Huss, le martyr bohémien. Son histoire est pleine d'intérêt. Arrêtons-nous quelques instants devant cette grande figure.

Jean Huss était fils de parents pauvres, qui, de bonne heure, l'envoyèrent à l'école. Mais comme ils ne pouvaient payer sa pension, l'enfant s'était mis au service d'un des professeurs, qui, en échange, lui prêtait des livres et lui donnait des leçons. C'était un étudiant laborieux. A l'âge de vingt-quatre ans, il obtint le grade de docteur en théologie à l'université de Prague. A cette époque, Jean Huss était encore catholique. Un jour, un ami lui prêta quelques-uns des écrits de Wiclef en lui conseillant de les lire. Tout d'abord il les trouva hardis et dangereux, mais, en les relisant avec soin, il se convainquit bientôt qu'ils étaient conformes à la Parole de Dieu. Cette lecture l'amena à étudier la Bible, où il trouva bien des choses contraires aux doctrines de l'Eglise romaine.

Quelque temps après l'archevêque de Prague ordonna de rechercher tous les ouvrages de Wiclef que l'on trouverait dans le ressort de son diocèse, et de les brûler dans la cour de son palais. Cet ordre fut exécuté au milieu des plaisanteries et des chansons des habitants qui savaient que l'archevêque était un ignorant, et qu'il brûlait ce qu'il ne pouvait réfuter.

Jean Huss protesta publiquement contre la conduite de l'archevêque, ce qui lui valut d'être accusé auprès du pape, qui le somma de comparaître à Rome. Persuadé qu'il n'était pas prudent de s'y rendre en personne, Jean Huss délégua un de ses amis et le chargea de sa défense ; on jeta son ami en prison, et Huss, déclaré hérétique, vit l'excommunication lancée contre lui. Ces menaces ne purent le réduire au silence ; il allait partout prêchant les doctrines de Wiclef, ajoutant toutefois qu'il était prêt à se rétracter si on lui démontrait par les Ecritures qu'il se trompait.

Mais c'est en 1412 qu'il dirigea contre l'Eglise

romaine son attaque la plus hardie. Des vendeurs d'indulgences arrivèrent à Prague et se mirent à offrir le pardon de tous les péchés en échange de quelques pièces d'argent. Ce trafic scandaleux indigna Jean Huss, comme il devait indigner Luther un siècle plus tard (1), et cet homme pieux le dénonça publiquement avec le plus grand courage. Aussitôt le pape décréta que tous les services religieux seraient suspendus tant que le réformateur demeurerait à Prague. On appelait cela mettre le pays en interdit.

Huss comprit qu'il valait mieux quitter la ville. Mais il ne pouvait pas se taire et ne pas protester contre les erreurs et les superstitions de l'Eglise. On le vit donc dans les villes, dans les villages, dans les champs et au milieu des forêts prêcher avec force la vérité. Comme il arrive souvent en pareil cas, la rage de ses ennemis contribua pour beaucoup à l'extension de l'Evangile.

Cependant les désordres allaient croissant. Trois prétendants se disputaient la tiare pontificale et s'anathématisaient à l'envi. L'Eglise était vraiment comme un corps malade auquel s'appliquaient les paroles du prophète : « Depuis la plante des pieds jusqu'à la tête, il n'y a rien d'entier en lui ; ce ne sont que blessures, meurtrissures et plaies purulentes qui n'ont point été pansées » (Esaïe, I, 6).

(1) Voy. ci-après, p. 46.

Enfin, las de ces divisions, les partis qui s'entre-déchiraient convinrent qu'il fallait mettre un terme à cet état de choses. A cet effet, l'Empereur convoqua un concile à Constance en 1414. Au jour fixé, on vit arriver l'un des papes, l'empereur Sigismond, 34 cardinaux, 20 archevêques, 160 évêques, 200 prêtres, 4 princes, 20 ducs, 80 comtes et plus de 800 personnages de haut rang. Ils venaient de toutes les parties du monde alors connu,

Ville de Constance.

et plusieurs d'entre eux jouissaient d'une grande réputation comme savants.

Dès le début de la première séance, on vit que le pape et l'empereur étaient animés l'un contre l'autre d'une haine ardente. L'Empereur était ambitieux et fourbe ; le pape passait pour l'un des hommes les plus corrompus de son époque. Tels étaient ceux qui présidaient aux destinées de l'Eglise et du monde.

Jean Huss fut sommé de comparaître devant le concile. Mais il n'ignorait pas qu'une fois aux mains de ses ennemis, c'en était fait de lui. Aussi ne tint-il aucun compte de cette sommation jusqu'à ce que l'Empereur lui eût délivré un *sauf-conduit*, c'est-à-dire la promesse écrite sur parchemin que sa vie serait respectée. Nous allons voir comment ce serment fut tenu.

En prenant congé de ses amis pour se rendre au concile, Jean Huss leur dit : « Vous savez que je » ne vous ai prêché aucune erreur. Persévérez » dans la vérité et confiez-vous en la miséricorde » de Dieu. Je m'en vais à cette grande assemblée » où le Seigneur m'aidera à supporter les épreuves, » l'emprisonnement, la mort même, si telle est sa » volonté. Quoi qu'il arrive, notre joie sera grande » quand nous nous retrouverons dans le ciel ! »

A peine arrivé à Constance, il fit savoir au pape qu'il était prêt à répondre à toutes les accusations portées contre lui. Il ajouta qu'ayant reçu de l'Empereur un *sauf-conduit*, il espérait que le chef de l'Eglise lui assurerait aide et protection. La réponse ne se fit pas attendre. Il fut arrêté et jeté dans un donjon obscur et humide, sous le détestable prétexte « qu'on n'est pas tenu de garder la foi aux hérétiques. »

La persécution ne surprit point Jean Huss. Il était prêt à souffrir pour le nom de Christ, et au milieu de ses épreuves la présence du Sauveur fut sa lumière et sa consolation. Plus d'une fois ses ennemis essayèrent de l'intimider en lui représentant que, s'il ne se rétractait pas publiquement,

Jean Huss devant le concile.

et ne se soumettait pas au pape, il serait brûlé vif. A toutes ces tentatives il répondit simplement : « Dieu ne permettra pas que je renie la vérité. »

Le jour même de son quarante-troisième anniversaire, on le fit comparaître pour la seconde fois devant le concile. L'Empereur présidait, une couronne d'or sur la tête et son sceptre à la main. Autour de lui se pressait la foule des princes, des cardinaux et des évêques accourus pour condamner le pauvre prisonnier. On le fit monter sur une plate-forme élevée afin que toute l'assemblée pût le voir ; une garde nombreuse l'entourait. Le vaillant réformateur comprit immédiatement toute la gravité de sa situation. Mais bien qu'il n'eût point d'avocat pour plaider sa cause, il était plein de confiance. Il tomba à genoux et pria Dieu à haute voix de lui accorder la grâce d'être fidèle jusqu'à la fin.

Condamné à être brûlé vif comme hérétique, il écouta sans faiblir la lecture de l'arrêt fatal. Puis il dit : « O Dieu, je te supplie de pardonner à mes » ennemis, car tu sais que je suis faussement ac- » cusé et injustement condamné. Seigneur, ne leur » impute point ce péché. »

On l'accablait d'injures, et quelques-uns le traitaient même de Judas. Il répondit avec douceur : « Toute ma confiance est en Dieu ; je sais qu'il me sauvera et qu'aujourd'hui même je serai avec lui dans son ciel. »

Pauvre prisonnier sans défense ! le cœur des prêtres qui l'entouraient était fermé à toute pitié ; ils se moquaient de lui, et, prenant une couronne de papier haute de deux pieds, sur laquelle étaient peints des démons, ils la placèrent sur sa tête. A cette vue, Jean Huss dit avec douceur : « Mon Seigneur porta une couronne d'épines et mourut de la mort ignominieuse de la croix pour moi pauvre pécheur. A cause de lui je porterai joyeusement cette légère couronne. »

— Nous vouons ton âme à Satan et à l'enfer, criaient les prêtres.

— Pour moi, répondit-il, je remets mon esprit entre les mains de mon Seigneur Jésus-Christ.

On le conduisit au supplice, escorté de huit cents soldats. Une armée pour garder un homme! La foule des curieux était telle que l'on fut obligé de fermer les portes de la ville, de peur que le pont ne se rompît sous eux.

L'attitude de Jean Huss pendant le trajet fut calme et presque joyeuse. Comme il passait devant le palais de l'archevêque, il vit qu'on brûlait ses livres. Ce raffinement de cruauté le fit sourire. Un peu plus loin, il s'écria : « O Christ, fils du Dieu vivant, aie pitié de moi. » Et il répéta cette prière plusieurs fois jusqu'au lieu choisi pour l'érection du bûcher.

La foule qui l'entendait disait : « Nous ne savons pas ce que cet homme enseignait auparavant, mais il ne sort de sa bouche que des paroles saintes et des prières chrétiennes. »

Quand il fut arrivé au lieu où il devait mourir, il se mit à genoux, et, levant les yeux au ciel, il pria à haute voix : « Je remets mon esprit entre tes mains, car tu m'as racheté, ô Dieu de vérité. » Quelques instants après, il ajouta : « Seigneur Jésus, je souffre avec joie cette mort cruelle pour l'amour de ton saint Evangile ; pardonne à mes ennemis le crime qu'ils commettent. »

A ces mots, ses bourreaux lui imposèrent silence et le contraignirent à faire trois fois le tour du bûcher. Il demanda à parler à ses gardiens, et quand ils furent devant lui, il leur dit : « Je vous remercie de toute la bonté que vous m'avez témoignée ; vous m'avez gardé plutôt comme des frères que comme des geôliers. Sachez que ma confiance en Jésus-Christ est inébranlable. C'est pour lui que je souffre la mort, et je suis assuré qu'aujourd'hui même je serai avec lui dans le Paradis. »

Les exécuteurs le saisirent et l'attachèrent au poteau, après lui avoir passé une chaîne autour du cou.

Il sourit et leur dit : « Mon Sauveur fut lié de chaînes bien autrement douloureuses à cause de moi. Pourquoi rougirais-je d'être enchaîné à cause lui, moi, pauvre pécheur? »

Le bois fut alors disposé autour de lui, et bientôt les flammes enveloppèrent le martyr. A plusieurs reprises il s'écria : « O Christ, Fils de Dieu, aie pitié de moi. » Puis on vit ses lèvres remuer comme pour murmurer une dernière prière, et son âme entra dans l'éternel repos.

On jeta ses cendres dans le Rhin, afin qu'il ne

restât aucun vestige de son martyre; mais, comme le dit avec raison une élégie composée à cette occasion : « Ses cendres volèrent par tout le pays ; ni les rivières ni les sables ne purent les retenir, et celui que ses ennemis croyaient réduire au silence prêcha l'Evangile en tous lieux. »

En lisant ce triste récit, nous serions peut-être tentés de déplorer la méchanceté des hommes. Rappelons-nous que Dieu, dans sa sagesse infinie, dirige tous les évènements et les fait servir à la réalisation de ses desseins. Les bûchers des martyrs ont contribué pour leur part à dissiper les ténèbres profondes du moyen âge, et le courage héroïque des serviteurs de Dieu amena peu à peu les foules à s'enquérir de la vérité des doctrines qu'ils professaient et pour lesquelles ils avaient joyeusement donné leur vie.

IV

Le moine qui ébranla le monde.

L'an 1497, deux jeunes garçons traversaient une petite ville de l'Allemagne. Ils marchaient lentement et s'arrêtaient parfois devant les portes des maisons, pour chanter des hymnes en l'honneur de l'enfant Jésus. C'était Noël ; il faisait froid, la nuit approchait, et la flamme des foyers projetait ses vives lueurs à travers les fenêtres, jusque dans les rues étroites d'Eisenach.

Ces pauvres enfants suivaient une école tenue par des moines qui donnaient à leurs élèves plus de coups que de leçons. Comme c'était alors la coutume, on les avait envoyés mendier leur pain de porte en porte. Pour mieux émouvoir la pitié, ils chantaient l'humble berceau du divin enfant dont le nom était sur toutes les lèvres.

Ce jour là, nos jeunes ménestrels n'avaient essuyé que des refus. Transis de froid, mourants de faim, ils songeaient à regagner leur école, lorsque, à quelques pas devant eux, ils aperçurent la maison de Conrad Cotta. Conrad était le bourgmestre de la ville. Peut-être les accueillerait-il avec bienveillance, car sa femme Ursule était bien connue pour sa bonté. C'était leur dernier espoir; aussi chantèrent-ils leur « Noël » de leur voix la plus harmonieuse.

Ursule aimait passionnément la musique. Une voix surtout, celle de Martin Luther (tel était le nom d'un des deux jeunes chanteurs), attira son attention. Souvent elle avait remarqué l'enfant quand il chantait dans la grande cathédrale, et en voyant son visage pâle et défait, elle fut émue d'une profonde pitié. Elle fit signe aux pauvres écoliers d'approcher; elle les interrogea avec bonté, et sa joie fut grande en apprenant que le père de Martin était un des proches parent de son mari.

Les deux amis furent bientôt installés devant un bon feu. On leur servit un copieux repas, après lequel ils entonnèrent leurs airs favoris. Le jeune Martin Luther chanta le psaume LXXX. A dater de ce jour, il devint un ami de la maison. Ursule le recevait comme une mère, et, en retour, tantôt il jouait quelques beaux morceaux sur sa flûte, tantôt il répétait les cantiques qu'il avait appris.

Cinq années se sont écoulées. Le jeune Martin est entré à l'Université; des amis le protègent, et son père (un pauvre bûcheron), lui envoie régulièrement un peu d'argent pour lui permettre de suivre les cours.

Dans l'Université se trouvait une vaste salle où il aimait à se rendre. Cette salle renfermait une bibliothèque dont il lut plusieurs ouvrages avec plaisir et profit. Mais sur un des rayons était placé un volume

Luther lisant la Bible.

énorme et pesant qu'il n'avait jamais ouvert et qu'une forte chaîne de fer retenait au mur. C'était une Bible imprimée en latin. Martin avait vingt ans; presque toute sa jeunesse s'était écoulée sur les bancs de l'école, et cependant c'était la première fois qu'il tenait entre les mains un exemplaire des saintes Ecritures. Il est vrai qu'on lui avait parlé d'un livre appelé « la Bible, » mais il ne se doutait guère qu'elle pût être aussi volumineuse, et les écrivains dont il voyait les noms inscrits sur ses pages lui étaient absolument inconnus. Il en commença la lecture à la première page et ne s'arrêta qu'au livre de Samuel. L'histoire du jeune enfant le transporta d'admiration et le soir, en quittant la bibliothèque, il s'écria : « Oh ! si Dieu voulait jamais me donner en propre un tel livre ! »

Cette vieille Bible lui devint chaque jour plus précieuse que l'or et plus douce que le miel. Dès qu'il avait un moment de liberté, il se réfugiait dans sa chère bibliothèque et s'oubliait auprès de son livre favori. Il se doutait fort peu alors qu'un jour ce saint livre, traduit par lui en allemand, deviendrait pour des milliers de ses concitoyens une source de lumière et de bénédictions.

Sur ces entrefaites, deux évènements imprévus l'amenèrent à rechercher le salut avec une nouvelle ardeur. Un jour qu'il était dans la société de quelques amis, l'un d'eux mourut subitement. Cette fin tragique le frappa : « Qu'adviendrait-il de moi, » se dit-il, « si je mourais ainsi subitement ? »

Un autre jour, au retour d'une visite chez son père, le ciel se couvrit tout à coup de nuages sombres, et un violent coup de tonnerre éclata au-dessus de sa tête ; la foudre tomba à ses pieds. Effrayé et tout tremblant, il se jeta à genoux en suppliant Dieu de l'épargner. « Il faut que je devienne saint, » dit-il en se relevant. Hélas! il ignorait encore que la sanctification est l'œuvre du saint Esprit.

Trois années plus tard, Luther entrait dans un couvent. La lecture de la Bible avait fait naître de sérieuses pensées dans son âme; mais, comme le seigneur éthiopien dont parlent les Actes des apôtres, il aurait eu besoin d'un ami qui lui expliquât les Ecritures. Il regardait encore à ses prières et à ses jeûnes, comme au plus sûr moyen de gagner le ciel. L'amour de Dieu lui était voilé, et l'on rapporte que, quand il prononçait son saint nom, il pâlissait d'effroi. Sa confiance était fondée sur les mérites des saints plutôt que sur l'œuvre rédemptrice de Jésus, seul médiateur entre Dieu et les hommes.

Les moines au milieu desquels vivait Luther étaient beaucoup plus ignorants que lui. Paresseux à l'excès, ils se reposaient en le regardant travailler. Chaque jour ils le chargeaient d'ouvrir les portes, de balayer l'église, de nettoyer les cellules, et quand l'ouvrage était terminé, ils lui disaient : « maintenant, frère Martin, va par la ville et mendie pour le couvent. »

S'ils le voyaient plongé dans quelque lecture : — « Allons, » lui criaient-ils, « ce n'est pas en étudiant, mais c'est en mendiant du blé, des œufs, du poisson et de l'argent que tu serviras le couvent. »

Pauvre Martin ! En entrant au couvent il avait bien changé d'habits, mais son cœur était resté le même, et il soupirait après la paix. « Oh ! » disait-il avec angoisse, « qui me délivrera de mes péchés et me rendra saint ? Comment comparaîtrai-je devant Dieu ? » Cette pensée le troublait au point qu'il en perdait le boire et le manger et dépérissait à vue d'œil.

Tous ses efforts pour trouver la paix étaient vains. Vers cette même époque, un pieux vieillard, nommé Staupitz et l'un des chefs de son Ordre, visita le couvent.

— Pourquoi êtes-vous si triste, frère Martin ? fit-il en remarquant le visage défait du jeune moine.

— Ah ! répondit celui-ci avec un profond soupir, je ne sais que devenir ; c'est en vain que je fais à Dieu promesses sur promesses : le péché est toujours le plus fort.

— Ami, reprit Staupitz, pourquoi te tourmenter ? Au lieu de te martyriser pour tes fautes, jette-toi dans les bras du Rédempteur. Confie-toi en lui, en la justice de sa vie, en l'expiation de sa mort. Dieu n'est pas irrité contre toi, c'est toi qui es irrité contre Dieu. Écoute le Fils de Dieu : il est devenu homme pour te donner l'assurance de la faveur divine. Il te dit : « Tu es ma brebis ; tu entends ma voix ; personne ne te ravira de ma main. »

Ces paroles furent pour le frère Martin comme une révélation et lui apportèrent la paix.

Quelques années après, Luther devenait professeur de théologie à l'université de Wittenberg. Dans des leçons familières, il expliquait les saintes Ecritures, il prêchait, et l'on venait de loin entendre le docteur fameux qui annonçait aux pécheurs le chemin du salut.

Dans une de ses tournées pastorales, Luther s'arrêta dans une ville où ses anciens amis, Conrad et Ursule, s'étaient établis. Le riche bourgmestre était devenu pauvre, et l'adversité avait rempli son cœur d'amertume. Soudain, le bruit se répandit dans la cité que le grand prédicateur approchait.

— On dit qu'il prêche le pardon des péchés « sans argent et sans aucun prix. »

— C'est justement ce qu'il nous faut, répliqua Ursule : allons à l'église pour l'entendre.

Ce jour-là, la vieille cathédrale était pleine de seigneurs, de marchands, d'ouvriers avides de voir le hardi prédicateur. Conrad et Ursule étaient perdus dans la foule. La parole du moine dut éveiller en eux d'étranges pensées, et quand il entonna d'une voix vibrante un de ses cantiques favoris, certainement ils se rappelèrent cette soirée de Noël où le pauvre écolier d'Eisenach chantait à leur foyer. Luther reconnut ses anciens protecteurs et leur montra qu'il n'avait point perdu le souvenir de leurs bontés passées.

Le moment arriva enfin où Luther fut amené à commencer publiquement l'œuvre bénie de la Réforme. Voici à quelle occasion : l'Eglise romaine avait ouvert un marché infâme où riches et pauvres, jeunes et vieux accouraient en foule. Les marchands étaient des moines qui, le sourire aux lèvres, offraient leur marchandise au rabais. Et que vendaient-ils donc? *Le salut des âmes* (1) !

« Les marchands parcouraient le pays dans une belle voiture, accompagnés de trois cavaliers menant grand train et faisant de fortes dépenses. Le cortège approchait-il d'une ville, un député se rendait auprès du magistrat : « La grâce de Dieu et du Saint-Père est devant vos portes, » disait l'envoyé. Aussitôt tout était en mouvement dans la cité. Le clergé, les prêtres, les moines, le conseil, les maîtres d'école, les corps de métiers avec leurs drapeaux, hommes et femmes, tous sans exception, allaient à la rencontre des marchands, tenant en main des cierges allumés, s'avançant au son de la musique et de toutes les cloches, « de manière, » dit un historien, « que l'on n'eût pu recevoir plus grandement Dieu lui-même. »

Arrivés sur la place du marché, les moines marchands s'installaient autour d'une table. Ils fixaient en terre une énorme croix rouge à laquelle étaient suspendues les armes du pape ; on apportait solennellement la caisse et la vente commençait.

— Approchez ! approchez ! criait d'une voix re-

(1) Merle d'Aubigné, *Histoire de la Réformation.*

tentissante l'un d'eux, nommé Tetzel. Venez, et je vous donnerai des « lettres munies de sceaux, par » lesquelles les péchés même que vous aurez envie » de commettre à l'avenir vous seront tous pardon-» nés. Voilà qui sauve non seulement les vivants, » mais aussi les morts. Prêtre, noble, marchand, » femme, jeune fille, jeune homme, entendez vos » parents et vos amis qui sont morts et qui vous » crient du fond de l'abîme : « Nous endurons un » horrible martyre ! une petite aumône nous dé-» livrerait ; vous pouvez la donner, et vous ne le » voulez pas ! »

On frémissait à ces paroles, prononcées par la voix formidable du moine charlatan.

— « A l'instant même, » continuait Tetzel, « où » la pièce de monnaie retentit au fond du coffre-» fort, l'âme part du purgatoire et s'envole, déli-» vrée, dans le ciel. Apportez ! apportez ! »

Ce trafic scandaleux souleva l'indignation d'un homme. Cet homme était Martin Luther. Bien qu'il fût seul, il résolut de combattre les erreurs de l'Eglise romaine. Il se mit aussitôt à prêcher hardiment les deux grandes doctrines protestantes, savoir : « Que la Bible, et la Bible seule, est la règle de notre foi, » et en second lieu, « que l'homme est justifié devant Dieu uniquement par la foi au Sauveur. » Le succès de cette prédication remplit de fureur les marchands d'indulgences.

Tetzel pensa effrayer le peuple en faisant allumer un grand feu sur la place publique et en publiant qu'il avait reçu du pape l'ordre de jeter en prison et même de brûler ceux qui s'opposeraient à la vente des indulgences. Et les prêtres ajoutaient :

— « Attendez seulement une quinzaine de jours, » un mois tout au plus, et ce damné Luther sera » brûlé vif. »

Mais Dieu veillait sur lui et ne permit pas qu'il tombât entre leurs mains.

La prédication du courageux moine fut accueillie avec faveur par les princes, les nobles, les docteurs, les étudiants et par un grand nombre d'hommes du peuple. Alors le pape lança contre lui une bulle aux termes de laquelle il était voué aux tourments en ce monde et à la mort éternelle dans l'autre. Des légats furent chargés de brûler ses écrits et de publier la bulle dans la ville même où Luther demeurait. Mais le Réformateur ne fut pas moins hardi que le pape. A la tête des docteurs, des étudiants et de ses amis, il se rendit sur la place publique et jeta dans les flammes la bulle pontificale, à la grande joie des spectateurs qui, depuis longtemps, gémissaient sous le joug pesant de l'Eglise romaine. Par cet acte courageux, Luther montrait au monde qu'il se séparait à jamais de Rome et du pape.

Martin Luther fut sommé de comparaître devant une diète ou assemblée de princes, de nobles, de cardinaux et d'évêques, convoqués à Worms.

— N'y allez pas ! vos ennemis vous saisiront et vous jetteront en prison, lui dirent ses amis.

Luther brûle la bulle du pape.

— Christ est vivant, répondit Luther, et je me rendrai à Worms, y eût-il autant de diables dans la ville que de tuiles sur les toits. Au reste, n'ai-je pas un sauf-conduit?

— Prenez garde, répliquaient ses amis : Jean Huss avait aussi un sauf-conduit et cependant on le brûla.

— Qu'importe ! ajouta Luther, il faut que je proclame la vérité devant la diète. Je m'y rendrai confiant au Sauveur, car mon devoir est de défendre son Evangile.

Et il se rendit à Worms où, en présence des princes et des prêtres, il fit une courageuse profession de la vérité. On le somma de se rétracter et de se soumettre au pape ; il répondit avec résolution :

— Je ne puis soumettre ma foi ni au pape ni aux conciles, parce qu'il est clair comme le jour qu'ils sont tombés souvent dans l'erreur et même dans de grandes contradictions avec eux-mêmes. Je ne puis et ne veux rien rétracter.

Puis, portant ses regards sur la redoutable assemblée qui tenait sa vie entre ses mains, il prononça ces paroles mémorables :

« ME VOICI. JE NE PUIS AUTREMENT ; QUE DIEU ME SOIT EN AIDE. »

Impuissants à le réfuter publiquement, ses ennemis résolurent de violer le sauf-conduit et de le mettre à mort. Mais Luther, averti du complot, quitta la ville en toute hâte. Comme il cheminait près d'une forêt, cinq cavaliers armés de pied en cap entourèrent subitement la voiture, l'enlevèrent, le mirent à cheval, et le conduisirent au château de la Wartbourg.

Un cri de douleur retentit dans toute l'Allemagne : « Luther est tombé dans les mains de ses ennemis ! » Mais non ; Luther était chez des amis qui voulaient le soustraire aux persécutions de Rome. La Wartbourg fut sa retraite; il y séjourna dix mois, consacrant ses loisirs à la traduction de la Bible en allemand. Bientôt cette parole de Dieu, transportée

Château de la Wartbourg.

dans la langue de son peuple, descendit avec lui de la Wartbourg, et parcourut tous les Etats de l'Allemagne, portant avec elle la lumière et la force.

Rendu à la vie publique, Luther poursuivit résolument son œuvre de réforme, dénonçant les erreurs de l'Eglise de Rome, bravant la rage de ses ennemis et les foudres du pape. Ses écrits se répandirent dans le monde entier, et des milliers d'âmes acceptèrent avec joie la nouvelle du salut gratuit. L'Eglise romaine en reçut une blessure dont elle ne se relèvera jamais.

Puisse l'histoire émouvante du « *moine qui ébranla le monde* » inspirer à nos jeunes lecteurs un courage à toute épreuve pour la défense de la vérité, et leur rappeler que nos bonnes œuvres ne nous sauveront pas, mais que le salut n'est qu'en Jésus-Christ, « le seul nom qui ait été donné aux hommes par lequel nous puissions être sauvés » (Actes, IV, 12).

V

Le jeune martyr.

Au temps du roi Edouard VI, on pouvait voir, enchaînée au pilier de chaque église d'Angleterre, une Bible imprimée en gros caractères, avec d'épaisses couvertures de bois et des fermoirs en fer. Comme « la Parole de Dieu était rare en ces jours-là, » ceux qui l'aimaient réellement et qui avaient quelque instruction la lisaient à haute voix aux ignorants. La lumière de l'Evangile commençait ainsi à se propager au loin, lorsqu'un sombre nuage parut dans le ciel. La reine Marie, une catholique ardente, monta sur le trône et ordonna de faire disparaître toutes les Bibles. En quelques endroits cependant ses ordres ne furent pas exécutés, si bien que la vieille Bible demeura à sa place, derrière la porte de l'église de Brentwood, dans le comté d'Essex.

On était au printemps de l'année 1555. Un jeune homme nommé William Hunter entra pour lire le livre qu'il aimait. Comme il était penché sur le saint volume, un vicaire de l'évêque, nommé Atwell, passa près de lui et, le voyant absorbé dans sa lecture :

— Qu'as-tu affaire à cette Bible ? lui dit-il en colère. Sais-tu lire, et peux-tu expliquer les Ecritures?

— Père Atwell, répondit le jeune homme avec modestie, je n'ai pas la prétention d'interpréter les Ecritures; mais ayant trouvé cette Bible ici, je la lis pour mon bien.

Le prêtre se mit alors à parler de la Bible avec mépris, comme d'un livre dangereux.

— Oh! ne parlez pas ainsi, répliqua William avec douceur et respect : c'est le livre de Dieu où nous pouvons apprendre à connaître ce qui plaît à Dieu et ce qui lui déplaît.

— Est-ce que nous ne savions pas autrefois, aussi bien que maintenant, comment il faut servir Dieu? demanda Atwell.

— Non, reprit William, nous le servons mieux maintenant que nous possédons sa sainte Parole, et Dieu veuille que cette divine parole ne nous soit jamais ravie!

Atwell ne parvenait pas à intimider le jeune homme.

— Je vois, dit-il, que tu es un de ceux qui méprisent la reine et les lois. Mais si tu ne te rétractes pas, tu seras brûlé vif comme tous les autres hérétiques.

— Dieu me fasse la grâce de croire à sa Parole et de confesser son nom, quoi qu'il puisse en arriver.

— Confesser son nom! s'écria Atwell avec colère. Non, non, vous êtes tous maudits et voués à Satan.

Sur ce, Atwell quitta précipitamment la chapelle; mais bientôt il revint accompagné d'un prêtre auquel il montra William lisant la Bible. Le jeune homme comprit aussitôt le but et la portée de cette démarche. Il retourna chez son père, lui fit ses adieux, et sortit de la ville en toute hâte.

Quelques jours après, le père reçut la visite d'un officier qui lui enjoignit de livrer son fils.

— Hé quoi! vous voulez que je livre mon fils pour qu'il soit brûlé!

Mais l'ordre était formel, et il dut se mettre à la recherche du fugitif. Pendant plusieurs jours il explora les environs, espérant bien ne pas le rencontrer. Mais le jeune homme avait appris à quel danger son père était exposé; il accourut et se jeta dans ses bras en le conjurant de lui permettre de rentrer avec lui.

Le père, tout en larmes, s'y refusait. Lutte touchante où l'amour filial fut enfin le plus fort!

A la nuit tombante, William et son père gravirent silencieusement la colline qui mène à la petite ville de Brentwood. Des paroles de sympathie et d'encouragement les accueillirent au passage, et bien des larmes coulèrent à la pensée du sort qui leur était réservé. Ces craintes ne tardèrent pas à se réaliser, car, au milieu de la nuit, le jeune chrétien fut saisi et conduit en prison.

De grand matin, William comparut devant le tribunal. Les juges, après avoir vainement tenté d'ébranler sa foi, ordonnèrent de le mener au palais de Bethnal Green où résidait l'évêque de Londres. L'évêque lui parla d'abord avec douceur, puis avec dureté, et enfin des menaces il en vint aux injures. Mais le jeune homme fut inébranlable et ne voulut point promettre de renoncer à sa chère Bible.

— Eh bien! qu'on le ramène en prison, s'écria l'évêque avec colère.

Pendant neuf mois, ses geôliers redoublèrent de cruautés dans l'espoir de vaincre ses résistances. L'évêque lui-même ordonna de le charger d'autant de chaînes qu'il en pourrait porter, et, convaincu que cette dure et longue détention aurait enfin eu raison de son obstination, il le manda auprès de lui.

— Si tu te rétractes, lui dit-il, je te donne ces quarante livres d'argent et une magnifique situation dans les affaires.

C'était une forte somme pour l'époque; les offres étaient bien séduisantes, William cependant les repoussa sans hésiter.

— Tu seras intendant de mon palais, ajouta l'évêque d'un ton doux et caressant.

— Monseigneur, répondit William, à moins que vous ne me persuadiez par les Ecritures, je ne puis trahir mon Maître pour l'amour du monde, car toutes les choses de la terre, je les regarde comme une perte en comparaison de l'excellence de la connaissance de Jésus-Christ.

Ni les promesses ni les menaces n'avaient prise sur lui ; on le condamna à être brûlé vif.

En rentrant à Brentwood, William savait qu'une mort cruelle l'y attendait. Mais une promesse divine lui revint à la mémoire et le soutint : « Sois fidèle jusqu'à la mort et je te donnerai la couronne de vie. »

Sa mère accourut pour le voir. Les gardiens, tout émus, la laissèrent entrer. Elle se jeta au cou du prisonnier en fondant en larmes, mais lorsqu'elle le vit si joyeux et si confiant, elle bénit Dieu de lui avoir donné un tel fils.

— En échange de ces souffrances, Christ me donne un couronne de gloire; mère, n'es-tu pas heureuse?

Ils tombèrent à genoux et la mère supplia Dieu de soutenir son fils jusqu'à la fin.

Quand le jour où William devait mourir fut venu, le shérif (1), les juges, les prêtres l'accompagnèrent, escortés d'une foule immense accourue de toutes

(1) On désigne sous ce nom, en Angleterre, le principal juge d'un comté.

parts pour assister à ses derniers moments. Comme il passait, son père se jeta dans les bras de son courageux enfant et lui dit en pleurant :

— Que Dieu soit avec toi, William !

Le jeune homme regardant alors fixement son bien-aimé père, répondit :

— Père, que Dieu vous protège; bon courage !

Le jeune martyr.

nous nous retrouverons là-haut et nous nous réjouirons ensemble.

Bien des larmes coulèrent ce jour-là dans la petite ville de Brentwood. La vue de ce martyr si jeune, si doux, si pieux, condamné aux flammes, et dont le seul crime était d'aimer l'Evangile, touchait jusqu'aux plus endurcis.

Pendant qu'on disposait le bois du bûcher, quelqu'un lui promit sa grâce s'il se rétractait.

— Non, répondit William avec fermeté ; non, je ne me rétracterai pas.

Puis se tournant vers la foule, il demanda qu'on priât pour lui.

— Prier pour toi ! s'écria l'un des juges : j'aimerais mieux prier pour un chien que pour toi.

— Que Dieu ne vous demande pas compte de ces paroles au dernier jour, répondit William avec douceur.

Un prêtre commençait à l'injurier lorsqu'un des spectateurs cria à haute voix :

— Dieu ait pitié de son âme !

— Amen! murmura la foule émue.

Lorsque le feu brilla et que les flammes commencèrent à s'élever, William, qui tenait à la main le livre des Psaumes, le jeta à son frère qui l'avait suivi. Aussitôt son frère lui cria :

— William ! William ! pense aux souffrances du Sauveur et ne crains point.

— Je ne crains rien, frère, reprit William.

Puis il ajouta :

— Seigneur ! Seigneur ! reçois mon esprit.

Ce furent ses dernières paroles ; les flammes l'enveloppèrent et, quelques instants après, ses souffrances avaient cessé pour jamais.

Un vieil ormeau marque encore aujourd'hui la

place où William Hunter donna sa vie pour la vérité. Après plus de trois cents ans, son nom n'est pas oublié, et le souvenir de sa fin héroïque vivra longtemps encore dans les cœurs.

Rappelons-nous combien il est précieux de posséder des parents pieux qui, comme ceux de William, enseignent à leurs enfants à mourir plutôt que de

L'arbre du martyr, à Brentwood.

renier leur Maître, et recherchons avec ardeur la religion de ce Sauveur miséricordieux, qui, lorsque ses disciples voulaient faire tomber le feu du ciel sur ses ennemis, leur disait : « Vous ne savez de quel esprit vous êtes animés, car le Fils de l'homme est venu non pour détruire les hommes, mais pour les sauver. »

VI

La jeune Espagnole.

Plus de deux cent cinquante années se sont écoulées depuis qu'un Espagnol disait de son pays : « En Espagne, une foule de savants, de nobles et » de bourgeois ont été conduits au supplice pour » leur foi. Il n'est pas une ville, pas un village, » pas un hameau, pas un château, où Dieu ne pos- » sède une ou plusieurs âmes éclairées de la lu- » mière de son Evangile. Nos ennemis ont fait ce » qu'ils ont pu pour éteindre cette lumière. Qui » dira les noms de tous ceux qui perdirent leurs » biens, leurs charges et leur vie ? Et cependant, » chose bien digne de remarque, plus on les persé- » cutait, plus on les envoyait aux galères, plus on » les emprisonnait, plus on les brûlait, et plus ils » se multipliaient (1). »

Cette œuvre excellente était due à la distribution de Bibles et de traités, qui, en dépit de l'Inquisition,

(1) De Castro, *Les protestants espagnols.*

pénétraient des villes du littoral dans celles de l'intérieur où on les achetait avec empressement. La Réforme s'avançait ainsi silencieusement et sûrement. Mais hélas ! depuis le temps dont nous parlons, la lumière a été mise sous le boisseau et d'épaisses ténèbres couvrent l'Espagne.

Une des villes où l'Evangile jeta ses plus profondes racines fut Séville, fameuse par son commerce, ses superbes palais, ses belles églises et ses antiques manoirs.

Parmi tous ces vieux édifices, se dressait alors un bâtiment élevé, dont les murs sombres et les fenêtres grillées révélaient une prison. Les passants doublaient le pas aux abords de ce lieu redoutable et tremblaient à la seule pensée que peut-être un jour ils y seraient enfermés. C'était là que siégeait l'Inquisition, tribunal puissant chargé de juger ceux qui abandonnaient la religion du pays.

Ce tribunal avait à ses ordres une classe de moines connus sous le nom d'inquisiteurs. Ils avaient pour mission spéciale de rechercher et de châtier quiconque ne se soumettait pas au pape. Leurs pas conduisaient à la mort ; ils allumaient les bûchers où tant de fidèles serviteurs de Christ trouvèrent une fin cruelle.

Les malheureuses victimes qui franchissaient la porte de fer de l'Inquisition traversaient plusieurs salles obscures pour arriver enfin à une dernière salle plongée dans les ténèbres les plus épaisses. Une seule ouverture donnait sur une cour autour de laquelle étaient disposées des cellules profondément enfoncées sous terre. On y descendait par des escaliers tortueux, de telle sorte que les cris des prisonniers ne parvinssent point aux oreilles. La douce et pure lumière du ciel n'y pénétrait jamais, Tout y était sombre, humide, horrible. Des ossements humains jonchaient le sol, et les murs étaient couverts des noms des infortunés ensevelis tout vivants dans ces tombeaux. Oh ! qui dira jamais toutes les cruautés commises au nom du Dieu d'amour « qui ne veut pas la mort du pécheur, mais sa conversion et sa vie. »

Les inquisiteurs étaient assistés dans leur sanglante besogne par des *familiers*. La nuit, couverts d'un vaste capuchon percé de deux petits trous pour les yeux, ces familiers du saint-office, comme on les appelait, pénétraient violemment dans les maisons suspectes d'hérésie. La terreur qu'ils inspiraient était si grande, que nul n'osait leur résister, ni favoriser la fuite de ceux qu'ils cherchaient. Dans leur rage, ils contraignaient le mari à dénoncer sa femme, la mère son fils, le frère sa sœur. Le plus souvent ils saisissaient les « suspects » pendant leur sommeil et les abandonnaient dans les fatales cellules des mois entiers, sans leur dire de quel crime ils étaient accusés.

Au nombre des victimes traînées devant le tribunal de l'Inquisition se trouvait une jeune Espagnole nommée Maria de Bohorques. Elle était la fille d'un seigneur de Séville, et sa famille jouissait de la plus grande considération. Elle avait donné dans son enfance les plus brillantes espérances. Sa jeunesse s'était écoulée au milieu des plaisirs et des joies que procure l'opulence. Mais la grâce divine avait touché son cœur, et à dater de ce jour sa vie avait été transformée.

Son tuteur, le docteur Gil, un des plus grands savants de son siècle, avait embrassé la foi réformée. Sous sa direction elle avait étudié les saintes Ecritures dans les langues originales. C'est ainsi que bientôt le véritable fondement de la religion chrétienne lui était apparu, et qu'elle s'était attachée à Jésus-Christ, persuadée qu' « *il n'y a de salut en aucun autre.* »

Maria avait environ vingt et un ans lorsqu'on la soupçonna de n'être plus attachée de cœur à l'église romaine. Un pressentiment secret l'avertissait du danger auquel elle était exposée, et souvent, pendant les heures silencieuses de l'étude et de la prière, elle demandait à Dieu de la fortifier pour le jour où l'épreuve fondrait sur elle. Ce jour était venu ; seule, sans défense, elle se trouvait en présence de ses juges.

Les *familiers* la conduisirent à une chambre secrète où, autour d'une table, siégeaient les inquisiteurs, vêtus de longues robes noires et dissimulés dans l'ombre. Devant eux se dressait un crucifix ; debout, à leurs côtés, figuraient les familiers au double titre de témoins et de gardiens.

Arrestation de Maria de Bohorques.

Les juges eurent d'abord recours à la persuasion. Pauvre enfant ! ils voulaient avant tout le salut de son âme. Chère brebis égarée ! leur ardent désir était de la ramener au bercail. Tout en écoutant ces discours, Maria priait, et Dieu la fortifia, car avec le plus grand courage elle confessa sa foi en Jésus-Christ et ne se laissa point prendre aux paroles mielleuses qu'elle entendait. Les menaces ne l'ébranlèrent pas davantage. Ses juges en colère lui dirent que si elle ne se soumettait pas à l'Eglise romaine, elle serait soumise à la torture, et, pour effrayer la jeune chrétienne, ils placèrent devant elle les instruments horribles du supplice : la poulie, au moyen de laquelle les prisonniers étaient soulevés de terre avec de lourds poids attachés aux pieds ; le chevalet, sur lequel le corps était brutalement écartelé ; le feu enfin, où l'on brûlait la plante des pieds des patients.

Ils la sommèrent ensuite de donner les noms des compagnes qui, à son exemple, avaient embrassé la foi réformée. Elle ne répondit rien. Du doigt ils lui montrèrent de nouveau les instruments de torture, en accompagnant ce geste des plus épouvantables menaces. Elle fut inébranlable.

— Qu'on l'étende sur le chevalet ! s'écrièrent alors les juges irrités de cette résistance imprévue.

Les bourreaux la saisirent comme des loups leur proie, la renversèrent, lui attachèrent les pieds et les mains ; la poulie tourna, et ses membres craquèrent comme s'ils allaient se détacher du corps.

Dans cette situation angoissante, on la somma pour la seconde fois de révéler les noms de ses amies. La courageuse enfant refusa de les trahir. Aussitôt la roue fatale se remit en mouvement. Pauvre victime ! elle croyait que ses bourreaux avaient épuisé leurs moyens de torture ; ses souffrances devinrent intolérables et dans son agonie elle demanda grâce.

Plusieurs pensent peut-être en eux-mêmes :

— « Si nous étions appelés au martyre, nous montrerions à nos persécuteurs comment un chrétien meurt. » Hélas ! que nous connaissons peu notre faiblesse ! La jeune Espagnole, dans un moment de défaillance, confessa que sa sœur Juana l'avait souvent entretenue de la foi réformée, et qu'elle la partageait secrètement. Cet aveu coûta la vie à Juana. Saisie sur-le-champ, elle fut étendue sur le chevalet et mourut bientôt après à la suite d'une douloureuse agonie.

Pauvre Maria ! qu'avait-elle donc fait ? Comprit-elle jamais que cet instant de répit dont elle jouissait était acheté au prix de la vie de sa sœur bien-aimée ?

D'autres épreuves l'attendaient. Elle fut condamnée à être brûlée comme hérétique ; mais avant que la sentence ne reçût son exécution, des prêtres pénétrèrent dans sa cellule et l'obsédèrent de leurs prières et de leurs promesses, espérant obtenir une rétractation ou quelque nouvelle révélation compromettante pour les amies de la jeune fille.

Spectacle attristant que celui de cette pauvre enfant, gisant sur la paille, les membres broyés par la torture, obligée de se défendre contre des ennemis tout puissants. Cette lutte inégale dura plusieurs heures, mais la jeune martyre résista victorieusement. Elle avait noblement racheté un moment de faiblesse ; désormais la mort pouvait venir, elle ne la craignait plus.

Le 24 septembre 1559, plusieurs bûchers furent élevés sur la grande place de Séville. Maria de Bohorques était au nombre des victimes de l'Inquisition. De grand matin, les familiers du saint-office

La grande place de Séville.

pénétrèrent dans sa cellule pour la transporter au lieu du supplice, car la torture l'avait rendue incapable d'aucun mouvement. Son visage ne trahissait aucune crainte. Ce jour était pour elle le jour du triomphe et de la délivrance ; au travers des flammes n'allait-elle pas entrer dans la gloire ?

Elle invita ses compagnes à se joindre à elle pour entonner un cantique, et soudain, au-dessus du bruit et du tumulte de la foule, leurs douces voix s'élevèrent chantant les louanges du Seigneur.

Touchés de sa jeunesse, ses amis essayèrent de l'ébranler; les prêtres revinrent à la charge, la conjurant d'abjurer sa foi. Tout fut inutile. Bientôt la flamme enveloppa le bûcher, et la jeune martyre reçut la couronne de vie que le Seigneur réserve à ceux qui lui sont restés fidèles jusqu'à la mort.

Qui sont ces gens au radieux visage
Que, par delà les flots tumultueux,
Je vois là-bas sur le rivage
S'assembler pour monter aux cieux?
Des palmes à la main et couronnés de gloire,
Ils vont, chantant le cantique nouveau :
« Heureux qui par la foi remporta la victoire,
» Lavé dans le sang de l'Agneau. »

Ce sont des rois, jadis pauvres esclaves,
Dont Jésus-Christ a fait tomber les fers.
Libres enfin de leurs entraves,
Ils vont régner sur l'univers.

Aux jours mauvais, aux heures solennelles,
Pendant l'épreuve ou la tentation,
Toujours ils restèrent fidèles
A leur noble vocation.

Qu'ils sont heureux! l'épreuve est terminée,
Du triste mal ils ne souffriront plus,
Et désormais leur destinée,
C'est de gner avec Jésus!

VII

Les protestants

Il y a toujours eu des *Protestants*, c'est-à-dire des hommes qui ont *protesté* contre les erreurs de leur siècle et de leur église. La plupart du temps ils n'étaient qu'un petit troupeau persécuté, refoulé dans les montagnes ou caché dans les forêts, mais jamais ils n'ont failli à rendre témoignage à Dieu et à la vérité. De ce nombre furent les Vaudois, le peuple martyr, dont les descendants habitent encore aujourd'hui les Alpes, et sont connus sous le nom d' « hommes des Vallées. »

Retirés dans leurs montagnes, les Vaudois conservaient, dans sa pureté primitive, le précieux dépôt de la Parole de Dieu. On ne doit pas, disaient-ils, aller chercher à Rome le pardon de ses péchés; encore moins doit-on croire au pouvoir des reliques et aux mérites des saints. L'Eglise chrétienne n'est fondée ni sur saint Pierre ni sur le pape; elle est fondée sur Jésus-Christ et sur les doctrines renfermées dans la Bible. Ils regardaient aussi le culte des images comme une idolâtrie. Voilà de quelle manière ils *protestaient* contre la papauté et comment ils étaient de vrais protestants, longtemps avant que Luther eût proclamé la Réforme et que

Ville de Spire.

le nom de protestants eût été donné aux chrétiens évangéliques.

Ce nom a son histoire et sa date comme celui de chrétien. C'est à Antioche que, peu de temps après la mort du Seigneur, les disciples furent pour la première fois appelés « chrétiens » (Actes, XI, 26). C'est à Spire que les réformés reçurent le nom de « protestants. »

Spire est une cité antique assise aux bords du Rhin. Au temps de Luther elle était le centre d'un grand commerce. Des tours élevées flanquaient ses murailles, de superbes monuments ornaient ses rues, des promenades charmantes embellissaient ses environs. Charles-Quint l'avait choisie pour y convoquer une diète dans le but d'examiner l'état de l'Allemagne et celui de la chrétienté. L'Empereur, son frère Ferdinand, roi d'Espagne, et le pape étaient trois ennemis acharnés de la Réforme. Hardis, riches, puissants, ils avaient résolu d'en finir avec « les nouvelles doctrines; » c'est ainsi qu'ils appelaient les doctrines prêchées par les apôtres au premier siècle de l'Eglise chrétienne et remises en lumière par les réformateurs.

Longtemps avant le jour fixé pour la diète, les princes catholiques et les évêques firent leur entrée à Spire en grande pompe et escortés de soldats comme s'ils allaient à la guerre. Un ou deux des princes qui favorisaient la Réforme suivirent cet exemple, mais la plupart n'étaient accompagnés que de quelques hommes pieux et instruits, dont l'attitude calme et sereine disait éloquemment la confiance en l'excellence de la cause qu'ils venaient défendre. Les villes libres de l'Allemagne avaient aussi délégué leurs députés à la diète, de telle sorte que jamais auparavant pareille assemblée ne s'était vue dans aucun pays de l'Europe.

Les princes protestants portaient, brodées sur leurs vêtements, les lettres : V. D. M. I. Æ., lettres initiales des mots latins : « *Verbum Domini manet in æternum.* » — « La Parole du Seigneur demeure éternellement. » Ces mêmes lettres étaient également gravées sur les portes de leurs hôtels. Ils témoignaient ainsi publiquement que la Bible était la bannière sous laquelle ils se rangeaient.

Les catholiques avaient aussitôt publié un décret interdisant aux protestants de prêcher l'Evangile dans la ville de Spire. Les princes réformés demandèrent un lieu quelconque pour y célébrer leur culte ; on repoussa leur demande. Ils décidèrent alors que le service divin aurait lieu dans la cour de leur palais, et l'affluence fut telle que plus de 8,000 personnes entendirent la prédication de l'Evangile. Cette profession publique et courageuse de leur foi fut suivie d'une déclaration par laquelle ils s'engageaient à renoncer à leurs royaumes, plutôt que de se soumettre à ce qu'ils croyaient l'erreur.

On les suppliait d'accepter le décret, les assurant que l'Empereur leur en saurait un gré infini.

— « Nous obéirons à l'Empereur, » répondirent-ils, « dans tout ce qui peut contribuer au maintien de la paix et à l'honneur de Dieu, mais nous ne pouvons pas renier les vérités contenues dans la Bible. »

Ils furent vaincus à la diète; mais leur échec ne les découragea pas.

— « Rejetons les décrets qui méconnaissent nos droits, » dirent-ils. « Plutôt tout endurer, tout sacrifier, nos Etats, nos couronnes, nos vies, que de renoncer à la liberté de conscience et d'être infidèles à Dieu. »

Mais ils s'aperçurent bientôt que la diète ne tenait aucun compte de leurs réclamations. Que leur res-

La protestation de Spire.

tait-il à faire? sinon de « *protester* » publiquement contre la conduite de leurs ennemis et d'en appeler de la diète à la Parole de Dieu, et de l'empereur Charles-Quint à Jésus-Christ, le Roi des rois et le Seigneur des seigneurs.

Le 25 avril 1529, ils se réunirent à cet effet, dans une petite salle que l'on montre encore. Jean le Persévérant, électeur de Saxe, Philippe, landgrave de Hesse, George, margrave de Brandebourg, et les députés d'un grand nombre de villes étaient présents. C'est là que tous, d'un commun accord, signèrent la fameuse *Protestation* contre les décrets tyranniques des légats du pape qui voulaient opprimer la liberté de conscience et s'opposer à la libre prédication de la Parole de Dieu. Cet acte éclatant de courage brisait les liens qui les enchaînaient à l'Eglise romaine : ils étaient libres !

On l'a dit avec raison : « la chambre haute de Jérusalem, où les apôtres se réunissaient pour prier et cette salle où les princes signèrent leur protestation sont les deux berceaux de l'Eglise. »

Les princes se rendirent de nouveau à la diète, et Jean le Persévérant, électeur de Saxe, qui avait signé le premier, se présenta devant le roi Ferdinand et les évêques, et lut ce qui suit (1) :

« Nous sommes résolus, avec la grâce de Dieu, à » maintenir la prédication pure et exclusive de sa » seule Parole, telle qu'elle est contenue dans les » livres bibliques de l'Ancien et du Nouveau Tes» tament, sans rien y ajouter qui y soit contraire. » Cette Parole est la seule vérité, la règle assurée » de toute doctrine et de toute vie. Celui qui bâtit » sur ce fondement subsistera contre toutes les puis-

(1) Merle d'Aubigné, *Histoire de la Réformation au seizième siècle.*

» sances de l'enfer; tandis que toutes les vanités
» humaines qu'on y oppose tomberont devant la
» face de Dieu.

» C'est pourquoi, » ajoutaient-ils, « nous vous
» supplions de peser avec soin nos griefs et nos
» motifs. Que si vous ne vous rendez pas à notre
» requête, nous *protestons* par les présentes, de-
» vant Dieu, notre unique créateur, conservateur,
» rédempteur et sauveur, et qui un jour sera no-
» tre juge, et devant tous les hommes, que nous
» ne consentons pas au décret proposé, dans tou-
» tes les choses qui sont contraires à Dieu, à sa
» sainte Parole, à notre bonne conscience et au
» salut de nos âmes. »

Ainsi parlèrent, en présence de la diète, ces hommes courageux que la chrétienté appellera dorénavant les « *protestants.* »

Le lendemain, une députation des Etats évangéliques présenta la protestation au roi Ferdinand. Le frère de Charles-Quint la reçut d'abord, mais voulut aussitôt la rendre, et l'on vit alors une scène étrange, le roi se refusant à garder la protestation et les députés ne voulant pas consentir à la reprendre. Ceux-ci enfin, par respect, la reçurent des mains de Ferdinand, mais la posèrent hardiment sur une table et quittèrent immédiatement la salle.

Quant à Charles-Quint, lorsque les délégués parurent devant lui, il les toisa avec mépris, et les congédia en leur ordonnant d'attendre sa décision. Un mois après, il les fit arrêter et les menaça de mort s'ils écrivaient à leurs amis de Spire.

Les réformés comprirent bientôt que tous les moyens de conciliation étaient épuisés et qu'ils n'obtiendraient jamais la liberté de conscience réclamée. Ils se préparèrent par la prière à la lutte et quittèrent la ville de Spire, résolus à rester protestants et à n'admettre comme règle suprême de leur foi que la Parole de Dieu.

Depuis ce jour le conflit se perpétue entre la vérité et l'erreur, entre les doctrines de l'Evangile et les doctrines romaines, et la lutte ne cessera que lorsque la vérité aura prévalu. En attendant, il importe que les jeunes chrétiens sachent pourquoi et contre quoi ils protestent, afin qu'ils soient vraiment dignes du beau nom de « *protestants.* »

Comme les Réformateurs, ils doivent *protester* contre toutes les tentatives qui auraient pour but de les priver de la Bible, car le Maître a dit : « Sondez les Ecritures » (Jean, V, 39), et il est dit de Timothée : « Tu as eu, dès ton enfance, la connais-
» sance des saintes Lettres, qui peuvent t'instruire
» pour le salut par la foi qui est en Jésus-Christ. » Ils doivent être des chrétiens de la Bible, contrairement à ceux dont la foi repose sur les paroles et les traditions humaines.

Ils doivent *protester* contre ceux qui font de l'apôtre Pierre le fondement de l'Eglise; car il est écrit : « Personne ne peut poser d'autre fondement que » celui qui a été posé, savoir Jésus-Christ » (1 Cor., III, 11).

Ils doivent *protester* contre le culte rendu à la Vierge Marie, bien qu'elle soit bénie entre toutes les femmes, » car il est écrit : « tu adoreras le Sei- » gneur ton Dieu et tu le serviras lui seul » (Matth., IV, 10).

Ils doivent *protester* contre les prières faites aux saints et aux anges; car il est écrit : « Si quel- » qu'un a péché, nous avons un avocat auprès du » Père, Jésus-Christ le juste. » (1 Jean, II, 1), et encore : « Il y a un seul médiateur entre Dieu et » les hommes, Jésus-Christ » (1 Timothée, II, 5).

Ils doivent *protester* contre la doctrine catholique de la messe, dans laquelle un morceau de pâte appelée « hostie » ou « victime » est adoré, et où la sainte cène est célébrée chaque jour comme un sacrifice pour le péché, car cette doctrine est contraire à l'Evangile qui parle d'un seul sacrifice, que Christ a offert une fois pour toutes (Héb., X, 12).

Ils doivent *protester* contre les prêtres qui, dans la célébration de la sainte cène, enlèvent la coupe aux fidèles, car le Seigneur « ayant pris la coupe et rendu grâces, la donna à ses disciples en disant : « *Buvez-en tous* » (Matth., XXVI, 27).

Ils doivent *protester* contre la doctrine catholique

des mérites, car les Ecritures nous enseignent que « nous sommes justifiés gratuitement par la rédemption qui est en Jésus-Christ » (Rom., III, 24). Or, « si c'est par grâce, ce n'est donc point par les œuvres » (Rom., XI, 6).

Ils doivent *protester* contre la doctrine du purgatoire, qui veut que, dans un autre monde, ce qui nous reste de la souillure du péché soit purifié par le feu, car il est écrit : « Le sang de Jésus-Christ nous purifie de « tout » péché (1 Jean, I, 7).

Ils doivent *protester* contre ces erreurs et contre toutes les autres erreurs de l'Eglise romaine, parce qu'elles sont contraires aux saintes Ecritures que Dieu nous a données comme règle unique de la foi. Puissent nos jeunes lecteurs comprendre le sens et la beauté du nom qu'ils portent, et recevoir dans leurs cœurs ces grandes vérités que les apôtres et les réformateurs ont prêchées, afin qu'en croyant ils soient sauvés !

VIII

La Saint-Barthélemy.

Le Louvre au seizième siècle.

Le roi de France Charles IX et ses principaux hommes d'Etat étaient solennellement réunis dans une des salles du Louvre. Il s'agissait du meurtre de plusieurs milliers de paisibles citoyens.

Devant eux, sur une table, était un parchemin renfermant les noms des gentilshommes et des personnages marquants du parti réformé. Les recherches les plus minutieuses avaient été faites dans les provinces pour qu'aucun d'eux ne fût oublié sur la liste fatale. Et maintenant il s'agissait de s'entendre sur le jour, l'heure, et les moyens d'exécution de cette entreprise, dont le but avoué n'était rien moins que l'extirpation de la race maudite des huguenots. Les temps et les circonstances étaient favorables. Une foule de protestants avaient été attirés à Paris à l'occasion du prochain mariage du roi Henri de Navarre avec la princesse Marguerite de Valois, sœur de Charles IX. Des réjouissances publiques s'organisaient, et tout paraissait merveilleusement propre à les entretenir dans une fausse sécurité.

Le jeune roi prit une plume et signa l'ordre du massacre; puis, baissant les yeux, il s'écria avec passion : « Puisque vous le voulez, qu'ils meurent tous, et qu'il n'en échappe pas un seul pour me le reprocher! »

Le jour fixé était le 24 août 1572, jour de la Saint-Barthélemy; l'heure, trois heures du matin, heure où les victimes dormiraient encore profondément; le signal, la cloche de Saint-Germain-l'Auxerrois; le chef, le duc de Guise. Les portes de la ville devaient être fermées, les murs gardés, des lumières placées aux points les plus élevés afin que l'on distinguât les marques secrètes apposées sur le seuil des maisons habitées par les huguenots. Ordre était donné aux soldats de se tenir prêts au coup de minuit. Ils portaient un brassard blanc; l'image de la sainte Vierge était suspendue autour de leur cou, et sur leur casaque se voyait une croix blanche, de peur que, dans la confusion des ténèbres, les assassins ne tournassent leurs armes contre eux-mêmes. Les dépouilles des victimes devaient être la récompense des bourreaux.

Quand la nuit fut venue, des bandes armées se dirigèrent silencieusement vers les points désignés, prêtes à verser le sang. Dans le palais du Louvre tous veillaient; le roi paraissait agité et troublé, il semblait reculer à la pensée de l'acte infâme qu'il allait commettre. Volontiers il eût rapporté l'ordre donné; mais vers minuit, sa mère, la reine Catherine de Médicis, entra dans sa chambre et l'encouragea dans ses horribles projets. Elle le conduisit elle-même à une fenêtre qui donnait sur la Seine, et là, tous deux attendirent que l'horloge sonnât deux heures.

C'était une de ces nuits calmes, délicieuses, si communes en France vers la fin de l'été. Une brise légère agitait les arbres du jardin; des milliers d'étoiles projetaient leur douce lumière et semblaient parler de paix aux hommes. Tout à coup le silence fut troublé par le bruit d'un coup de feu. Le roi

Charles frissonna de terreur et une sueur froide couvrit son front. Bientôt le son d'une cloche suivit le coup de feu; toutes les cloches s'ébranlèrent successivement. Des hommes armés s'élancèrent dans les rues en criant : « Tue! tue! Mort aux huguenots! » et il s'éleva de la ville comme une immense clameur dans laquelle se confondaient le son des cloches, le cliquetis des armes, les pas des assassins, les vociférations de la foule et les cris des mourants.

Le duc de Guise et sa troupe se ruèrent sur la maison de Coligny, le chef reconnu des protestants. Coligny était étendu sur son lit, souffrant d'une blessure au bras reçue quelques jours auparavant, dans une tentative de meurtre dont il avait failli être la victime. Le bruit des portes qu'on enfonçait l'avait tiré de son demi-sommeil. Il se souleva lentement sur sa couche et recommanda son âme à Dieu.

Un des soldats leva sur lui son épée nue en criant :

— N'es-tu pas l'amiral?

— C'est moi, répondit le vieillard sans trembler; jeune homme, tu devrais respecter ces cheveux blancs; aussi bien, continua-t-il, ne feras-tu pas ma vie plus brève.

Au même instant, l'assassin le perça d'un épieu, en proférant d'horribles blasphèmes. Son corps subit les derniers outrages; puis, on le jeta par la fenêtre aux pieds d'un des princes français, qui le repoussa brutalement en disant :

— « Courage! amis, nous commençons bien, tâchons de finir de même. » On le traîna par les rues de Paris, et enfin, on le pendit par les pieds au gibet public. Le jeune roi reput ses yeux de ce hideux spectacle, et insulta aux restes mutilés de

Mort de Coligny.

celui que quelques heures encore auparavant il appelait « mon père. »

Alors s'éleva dans la ville entière un cri terrible : « Tue! tue! » Les officiers du palais parcouraient les rues à cheval, excitant les soldats, et vociférant : « Tuez-les tous ! c'est l'ordre du roi. »

— « Ouvrez ! au nom du roi, » disaient les assassins. Les huguenots surpris obéissaient, et ils étaient tués sur place avant d'avoir pu songer à se défendre. Plusieurs furent blessés mortellement en se penchant aux fenêtres pour voir ce qui se passait. Un grand nombre crurent que les cloches sonnaient les matines, et ils se rendormirent. Ils furent massacrés dans leur sommeil !

Cernés de toutes parts, les huguenots étaient ici traqués comme des bêtes sauvages, là menés à la boucherie comme un troupeau de brebis. S'ils cherchaient un asile dans les églises, des hommes armés en gardaient l'entrée. Fuyaient-ils vers le Louvre dans l'espoir d'émouvoir le roi et de trouver grâce, des soldats les repoussaient de la pointe de leurs dagues ; et s'ils essayaient de traverser la Seine, des bateliers apostés sur les deux rives les noyaient sans pitié.

La mort était partout : dans les maisons, sur les toits, sur l'eau, dans la rue, dans le palais. Les assassins n'épargnaient ni les vieillards, ni les femmes, ni les petits enfants. Avec une joie sauvage ils jetaient leurs cadavres par les fenêtres, de telle sorte qu'il n'y avait point de ruelle qui ne fût encombrée de morts.

Le duc de Montmorency et plusieurs gentilshommes huguenots, qui logeaient à quelque distance de la ville, entendirent les cris des assassins. Ils se jetèrent demi-nus sur leurs chevaux, espérant échapper au carnage ; mais ils furent entourés et taillés en pièces.

Pendant tout ce dimanche et les jours qui suivirent, l'horrible tuerie continua; les ténèbres seules suspendaient momentanément cette œuvre de sang. Aux soldats se joignirent des scélérats qui dépouillaient les victimes et les jetaient à la rivière. Le massacre dura cinq jours à Paris; et qui dira le nombre de ceux qui tombèrent sous l'épée, les lances et les balles des assassins?

Des messagers furent envoyés aux gouverneurs des principales villes de province, avec l'ordre de suivre l'exemple de Paris et de tuer « tous ceux de la religion réformée. »

Quand les lettres de la cour parvinrent à Lyon, le gouverneur Mandelot fit publier à son de trompe que tous les huguenots eussent à comparaître devant lui. Ils se rendirent sans défiance à cette sommation, et se virent aussitôt jetés en prison. « Qu'on les tue tous! » ordonna le gouverneur aux soldats. Mais ces derniers refusèrent de diriger leurs armes contre des hommes enchaînés et suppliants. Alors, dans sa fureur, il manda les plus vils scélérats, les arma de couteaux de boucher, et les lança sur les prisonniers sans défense. Le carnage fut tel, que le sang coula par torrents dans les rues et vint se mêler aux eaux du Rhône.

Au nombre des victimes était un vieillard nommé François Collut et ses deux fils. Quand Collut vit les meurtriers armés de leurs couteaux, il dit pieusement à ses enfants : « De pareils sacrifices ne sont pas rares dans les annales de l'Eglise chrétienne. Les croyants de tous les temps ont été, et seront jusqu'à la fin comme des brebis au milieu des loups et des colombes au milieu des éperviers. » Alors ils s'embrassèrent en recommandant leur âme à Dieu et se laissèrent égorger. Quelques jours après, on retrouvait, étroitement enlacés, les cadavres de ces héroïques martyrs de la foi.

On raconte que Charles IX ne se contenta pas d'être témoin de ces horreurs ; mais que, des fenêtres de son palais, il tira avec son arquebuse sur ceux qui tentaient de traverser la Seine.

« Pendant trente jours, » dit une vieille relation écrite l'année suivante, « on ne cessa de tuer, de piller, de telle sorte qu'aujourd'hui il y a des milliers de petits orphelins dans la misère. » De Thou, un historien catholique, évalue à 30,000 le nombre des victimes. D'autres relations portent ce chiffre à 60,000 et même à 100,000.

Le courrier qui porta la nouvelle du massacre à Rome reçut mille écus d'or de récompense, et le pape, transporté de joie, s'écria : « Bonnes nouvelles !

bonnes nouvelles! » Le canon fut tiré au château Saint-Ange et des feux de joie illuminèrent la ville. Une procession solennelle eut lieu dans l'église de Saint-Marc pour remercier Dieu d'avoir délivré la France du fléau de l'hérésie.

Dans une ville où chaque souvenir a un monument, la Saint-Barthélemy devait avoir le sien(1). Le peintre Vasari exécuta un tableau que l'on voit encore aujourd'hui et qui représente le massacre des huguenots ; au-dessus du tableau on lit ces

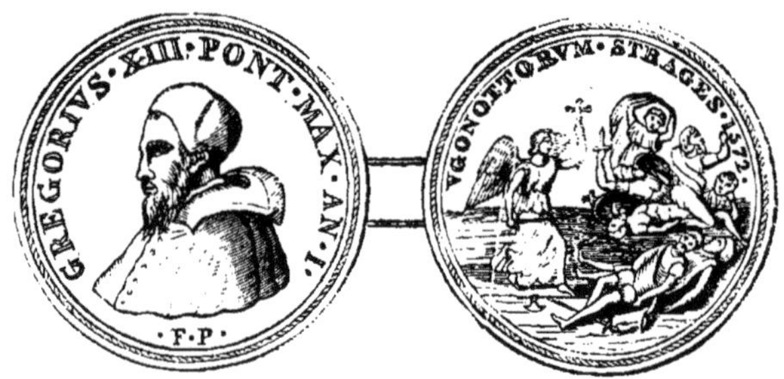

mots : *Pontifex Colignii necem probat :* « le souverain pontife approuve le meurtre de Coligny. » Après le peintre le graveur : une médaille commémorative fut frappée. Sur une des faces on voit l'effigie du pape, et sur l'autre, l'ange exterminateur tenant de la main gauche une croix, et de la main droite une épée nue. En exergue on lit ces mots latins : *Ugonottorum strages,* 1572 : « Massacre des huguenots. »

(1) F. Puaux, *Histoire de la Réformation française*, II, 353.

C'est ainsi que Rome a fourni la preuve manifeste de son crime.

Si le roi Charles IX avait espéré tirer profit du massacre de ses sujets protestants, il fut cruellement déçu; car le reste de sa vie fut comme la démonstration de cette parole de l'Ecriture : « Le mal ne sortira point de la maison de celui qui rend le mal pour le bien » (Prov. XVII, 13). Son royaume fut troublé; il perdit la confiance du peuple; des dissensions intestives éclatèrent au sein de sa propre famille. Une mélancolie sombre et mystérieuse l'envahit, la fièvre le mina. Son sommeil était sans cesse interrompu par une sorte de vision sanglante; une effroyable agonie marqua ses derniers moments, et il mourut misérablement à l'âge de vingt-quatre ans.

Cette fin tragique et prématurée ne rappelle-t-elle pas involontairement cette parole de l'Ecriture : « Les » méchants ont tiré l'épée, ils ont bandé leur arc » pour abattre le pauvre et l'affligé et pour égorger » ceux qui marchent droit; mais leur épée entrera » dans leur propre cœur et leurs arcs seront rom- » pus » (Ps. XXXVII, 14, 15)?

De semblables persécutions ont souvent été, dans le passé, le lot de la véritable Eglise de Christ. Mais Dieu veille sur les siens et, comme on l'a dit avec raison : « Le sang des martyrs a été une semence de chrétiens. » Il en fut ainsi en France; car lorsque ces martyrs de la Saint-Barthélemy eurent succombé, d'autres, en plus grand nombre, se levèrent et prirent leur place. Plusieurs même, témoins de la sainteté de leur vie, et frappés de la joie avec laquelle les martyrs souffraient la mort, renoncèrent à leurs anciennes erreurs et trouvèrent le chemin du salut qui est en Jésus-Christ.

IX

Fuite des huguenots.

Il y a environ trois cents ans, les protestants français étaient sous le coup d'une vive émotion. La nouvelle s'était tout à coup répandue que, pendant son séjour à Nantes (1598), le roi Henri IV avait promulgué un édit en leur faveur.

Ils venaient de traverser tant d'années troublées pendant lesquelles leurs lieux de culte avaient été rasés, leurs ministres exilés, et la plupart de leurs parents et de leurs plus chers amis persécutés ou mis à mort. Ils allaient enfin recouvrer le libre exercice de leur religion; ils jouiraient de leurs droits civils; leurs malades seraient admis dans les hôpitaux; toutes les carrières libérales s'ouvriraient à leur activité. Quelle allégresse! et que d'actions de grâces ne devaient-ils pas à Dieu et au roi!

Libres de se livrer au commerce et à l'agriculture, les protestants se firent bientôt connaître par leurs habitudes laborieuses, leur loyauté et leurs succès dans les affaires. Leurs filatures produisaient les soies les plus recherchées ; leurs champs et leurs vignobles passaient pour les plus riches et les plus productifs du royaume.

Henri le Bon, comme on l'appelait, était protestant; mais il avait changé de religion pour gagner une couronne. Grande fut la tristesse dans le camp réformé lorsqu'on le vit oublier ainsi l'exemple et les conseils de sa pieuse mère. Cependant il n'abandonna pas complètement les amis de sa jeunesse dont il avait éprouvé la valeur sur tant de champs de bataille, et plus d'une fois on le vit défendre leurs intérêts méconnus. L'Eglise romaine en prit ombrage, et un jour qu'il se promenait en voiture dans les rues de Paris, elle le fit lâchement assassiner (1610).

Les protestants ne tardèrent pas à s'apercevoir que son successeur Louis XIII n'avait aucune sympathie pour eux. Enfin Louis XIV révoqua l'*Edit de Nantes*, bien qu'on en eût garanti la fidèle observation, car une des maximes favorites de l'Eglise romaine est « qu'on n'est pas tenu de garder la foi jurée aux hérétiques. »

Et maintenant la désolation et les larmes avaient succédé à la joie des premiers jours. Des lois furent promulguées dans le but avoué d'opprimer la liberté de conscience et d'exterminer ceux de la religion *prétendue* réformée.

De lourdes amendes frappèrent ceux qui ne fêtaient point les saints ; on maltraita ceux qui refusaient de s'agenouiller sur le passage des processions. On leur interdit d'être médecins, libraires, imprimeurs, et même épiciers. Le chant d'un cantique entraînait la prison ; on brûla publiquement leurs livres de psaumes ; leurs temples furent rasés, leurs ministres emprisonnés ou exilés ; leurs morts exhumés et jetés en pâture aux loups et aux corbeaux. Enfin, pour surcroît de douleur, ils se virent enlever leurs enfants, que des soldats brutaux avaient mission de conduire dans des couvents, où ils étaient élevés dans les principes de l'Eglise romaine.

L'épreuve manifeste la sincérité de la foi. Beaucoup de ceux qui portaient le beau nom de protestants renièrent le passé glorieux de leurs pères. Les uns furent séduits par l'appât des honneurs ; d'autres eurent peur de la prison et de la mort ; un grand nombre furent achetés à prix d'argent. Ceux qui demeurèrent fidèles durent quitter le royaume au péril de leur vie, et abandonner tout ce qu'ils possédaient.

Malheur aux fugitifs que les soldats du roi rencontraient ! Dans une petite ville de province un pasteur fut condamné à avoir les jambes broyées sur une roue, — un des supplices les plus cruels qu'il soit possible d'imaginer. Ses bourreaux prolongèrent à plaisir son martyre et le laissèrent sur la roue deux jours entiers en proie aux plus atroces tourments. Mais au milieu de ses souffrances, ce vaillant serviteur de Dieu exhortait ceux qui l'entouraient et disait : « Mes chers amis, recevez mes » derniers adieux, et rappelez-vous que je vous ai » toujours prêché le pur Evangile, celui qui con- » duit au ciel. »

L'histoire nous a conservé plusieurs épisodes émouvants de la fuite des huguenots. Une famille voyant qu'il était impossible de vivre en paix en France, résolut de passer à l'étranger. Mais un traître les dénonça lâchement et le père fut impitoyablement jeté en prison. La femme, accompagnée d'un serviteur, gagna sous un déguisement un port de mer, et s'entendit avec le capitaine d'un navire, qui s'engagea à la transporter en Angleterre, elle et ses enfants. La fille aînée, vêtue comme une paysanne, plaça ses jeunes frères dans un panier attaché au bât d'un âne; des légumes, des fruits, dissimulaient les pauvres enfants auxquels elle avait bien recommandé de ne faire aucun mouvement, et de ne prononcer aucune parole qui pût les trahir. Un domestique à cheval les précédait de l'air le plus indifférent, bien qu'il eût soin de ne jamais les perdre de vue.

La jeune fugitive n'avançait qu'avec crainte; la joie et la tristesse agitaient tour à tour son âme, suivant que sa pensée se reportait au refuge où sa mère l'attendait ou à la prison témoin des souffrances de son père.

Soudain, la vue d'une troupe de soldats à cheval la remplit d'effroi. Il avançaient rapidement ; en un clin d'œil elle fut entourée.

— Qu'y a-t-il là dedans ? s'écrièrent-ils en la fixant d'un air menaçant.

La fuite des huguenots.

Et avant qu'elle eût trouvé la réponse qu'elle cherchait, l'un d'eux tirait son épée et la plongeait dans le panier.

Rien ne remua, et les soldats, satisfaits de leur examen , tournèrent bride et disparurent bientôt dans un tourbillon de poussière. Dès qu'ils furent hors de vue, la sœur toute tremblante appela son frère, craignant qu'il ne fût mort. L'héroïque enfant avait eu le bras percé de part en part, mais son silence les avait sauvés. La jeune fille banda sa blessure et le soigna comme eût fait la plus tendre mère. Peu après, ils abordaient tous en Angleterre. Mais leur père ne les y rejoignit jamais.

Pour échapper à leurs ennemis et sortir de la « maison de servitude », les huguenots avaient recours à mille stratagèmes. Les uns partaient en costume de chasse, le fusil sur l'épaule; quelques kilomètres plus loin, ils se métamorphosaient en meuniers, en portefaix, en marchands de bestiaux. Parfois un gentilhomme revêtait la livrée de son domestique. Ceux à qui la fortune ne permettait pas de semblables subterfuges voyageaient la nuit, se nourrissant de baies sauvages, se reposant le jour dans les bois et dans les grottes, où souvent une pierre leur tenait lieu d'oreiller. La pluie, la neige, le froid, rien ne les arrêtait. Ils traversaient les rivières à la nage, gravissaient les cimes les plus escarpées pour se mettre à l'abri des poursuites de leurs ennemis, et lorsqu'ils avaient franchi la frontière, leur premier mouvement était de tomber à genoux et de remercier Dieu de les avoir délivrés de la « gueule des lions. »

Un mari et sa femme avaient résolu de fuir à l'étranger. Pour n'éveiller aucun soupçon ils s'étaient séparés. La femme gagna l'Angleterre; mais le mari fut pris et conduit en prison. Les geôliers l'enfermèrent dans une cellule dont le plancher était en fer; ils allumèrent ensuite un grand feu et brûlèrent les pieds du malheureux au point de le rendre infirme pour toute la vie. Quand ils eurent épuisé sur lui les tourments les plus cruels, ils lui

Les souffrances des huguenots.

permirent de se promener avec des béquilles, et l'abandonnèrent à la compassion publique.

Bien des années s'étaient écoulées lorsqu'un jour on vit un Français qui se traînait péniblement par les rues de Londres, demandant aux passants, dans un anglais inintelligible, où se trouvait sa femme, sa « chère Louise, » disait-il. Un soir que pour la millième fois peut-être il répétait sa même question d'un ton lamentable, quelqu'un lui indiqua un restaurant tenu par un Français. C'était le rendez-vous des huguenots réfugiés. Le pauvre impotent entra ; mais personne ne connaissait sa femme. Cependant, dans un coin de la salle, un colporteur de passage à Londres avait entendu le récit de ses infortunes. En retournant chez lui, il devait traverser plusieurs villes où un grand nombre de Français s'étaient retirés. « Pourquoi, » se dit-il, « ne chercherais-je pas à découvrir la femme de ce pauvre exilé? » Bientôt l'étrange histoire du « Français de Londres » parvint aux oreilles de sa chère Louise, qui depuis longtemps pleurait la mort de son mari. Elle se rendit à Londres, où elle eut la joie de retrouver le compagnon de sa jeunesse.

Un autre couple huguenot résolut de s'exiler. Se déguiser était chose facile, mais que faire de leur petit enfant? Qu'on les vît franchir les portes de la ville avec lui, et ils étaient immédiatement arrêtés. Après bien des hésitations, il fut décidé qu'on roulerait l'enfant en forme de paquet auquel une corde serait attachée, et qu'on cacherait le cher trésor dans le lit très profond du ruisseau qui passait sous la porte même.

A la nuit tombante, les parents, peu rassurés sur l'issue de leur tentative, se présentaient aux portes. Le garde sortit de sa guérite et les examina avec défiance. Il savait qu'il avait affaire à des huguenots. « Mais où donc est leur enfant? » pensa-t-il. « Une mère huguenote abandonnerait-elle son enfant pour se sauver, et le laisserait-elle élever dans la religion catholique? Assurément non! » Le garde en conclut que, pour cette fois du moins, les parents ne songeaient pas à fuir; il tira les verrous, les laissa passer et retourna lentement à son poste.

— Et maintenant, alerte! saisissons la corde! doucement! doucement! Dieu soit béni! l'enfant a glissé sous la porte, il n'a point pleuré; le voilà de nouveau dans les bras de sa mère. Ils sont sauvés! Un vaisseau les attend pour les conduire en Angleterre, et aujourd'hui leurs descendants peuvent lire ces pages qui retracent l'histoire de leurs vaillants ancêtres huguenots.

Comme nous l'avons déjà dit, la plupart des réfugiés trouvèrent en Angleterre une seconde patrie. La nation tout entière prit part à leurs épreuves, et leur offrit l'hospitalité et les secours dont ils avaient besoin. Mais les huguenots ne venaient point manger le pain de la paresse. Des milliers se rendirent à Londres où ils fondèrent presque une nouvelle ville. D'autres s'établirent à Norwich, Coventry, Cantorbéry, Edimbourg. Au nombres des réfugiés se trouvaient des ducs, des duchesses, des généraux, des comtes, des marquis, des vicomtes, des barons, des juges, de nobles dames, des savants, des pasteurs, des commerçants. Quelques-uns de leurs descendants ont brillé dans les lettres, les sciences et les arts.

Un grand nombre étaient cultivateurs et artisans. Ils apportèrent en Angleterre les secrets de leur industrie et l'exemple de leur piété. Grâce à eux, les Anglais trouvèrent chez eux les objets de première nécessité qu'ils tiraient auparavant de l'étranger. Les huguenots introduisirent dans leur patrie adoptive l'art d'imprimer sur étoffes, le tissage du velours, les bas de soie, les crêpes, la gaze, le bombazin, les étoffes damassées, la batiste. Ils révélèrent en outre de nouveaux procédés de fabrication des rubans, des tapisseries, des serges, des toiles à voile; de nouvelles méthodes plus parfaites pour la teinture, la confection des chapeaux, des épingles, des montres, des glaces.

Savary, qui inventa la première machine anglaise mue par la vapeur; Dolland, le meilleur fabricant de télescopes; Le Man, le fameux pâtissier de Londres, descendaient tous de familles réfugiées.

C'est ainsi que les huguenots rendirent largement à l'Angleterre ce qu'elle avait fait pour eux, et l'on peut dire qu'aujourd'hui encore, les Anglais sont redevables de leurs progrès à ces nobles réfugiés, chassés de leur pays par ce honteux décret qui ruina la France en la privant de ses meilleurs citoyens, et qui est tristement connu dans l'histoire sous le nom de *Révocation de l'Edit de Nantes*.

X

La Nonne de Jouarre.

Charlotte de Bourbon et sa mère.

Jouarre est une petite ville de l'île de France. Elle possédait jadis un couvent fameux où fut enfermée Charlotte de Bourbon, l'héroïne de ce récit.

Charlotte naquit vers le milieu du seizième siècle. Son père, le duc de Montpensier, était de la famille royale des Bourbons. Ses domaines ayant été réduits de beaucoup à la suite d'entreprises désastreuses, il vit qu'il ne pouvait donner à sa fille une dot proportionnée à son rang, et il résolut de la faire entrer au couvent.

Cette décision attrista profondément sa femme, qui favorisait secrètement les protestants. Mais le duc avait parlé, et il fallait obéir. Pauvre mère! avant de se séparer de sa chère enfant, elle l'attira souvent auprès d'elle, dans sa chambre, pour pleurer et prier ensemble. Dans ces entretiens intimes, elle lui parlait du Sauveur et l'instruisait des grandes vérités de l'Evangile. Nous verrons bientôt que ces leçons portèrent leurs fruits et ne s'effacèrent jamais complètement de sa mémoire.

Elle n'avait que treize ans, et l'heure approchait où elle allait être enfermée derrière les verrous et les grilles d'un couvent. Son jeune cœur était tout à la joie et à l'espérance. Elle aimait sa jolie maison ; le monde lui semblait beau, brillant, tout embaumé du parfum des fleurs. Son imagination ardente peuplait l'avenir de rêves séduisants. Et la volonté de son père l'arrachait à ce qu'elle avait de plus cher! Tout son être frissonna à la seule pensée que désormais elle était condamnée à ce qu'on appelle « une vie religieuse. »

L'église romaine enseigne que le plus sûr moyen de plaire à Dieu et de parvenir à une vie sainte, c'est de s'isoler du monde et de se retirer au couvent. Mais nulle part la Bible ne dit que nous devions exercer dans la solitude la douceur, la patience, la charité ; elle affirme au contraire que c'est au sein de la société que les vertus chrétiennes doivent briller et s'épanouir : « Que votre lumière luise devant les hommes, afin qu'en voyant vos bonnes œuvres, ils glorifient votre Père qui est dans les cieux. » (Matth., V, 19).

Charlotte fut donc conduite par son père au redoutable couvent. On la revêtit d'une robe de drap grossier et d'un cilice ; sa belle chevelure fut coupée sans pitié. Le jour, elle se promenait le long des couloirs silencieux et tristes ; la nuit, elle dormait sur le plancher de sa chambre, qui ressemblait plus encore à un tombeau qu'à une cellule. Avait-elle enfin trouvé le bonheur ? Et comment eût-elle été heureuse, privée de sa liberté ? Jouissait-elle au moins de la paix qu'on lui promettait ? Hélas ! le mécontentement, les rivalités mesquines, la jalousie, les querelles troublaient souvent la solitude du couvent. Quelle déception ! la perte de sa liberté lui parut encore bien plus amère quand sa tendre mère tomba subitement malade, et mourut sans qu'elle eût la consolation de la revoir et de lui dire un dernier adieu.

Cependant quelques années s'écoulèrent, et la nonne se réconcilia peu à peu avec sa nouvelle situation. On lui avait persuadé que les abstinences, les prières et les jeûnes plaisaient à Dieu et lui mériteraient le ciel. Bientôt elle s'acquit par ces exercices une telle réputation de sainteté que, malgré sa jeunesse, elle fut nommée supérieure du couvent de Jouarre.

A cette époque, la lumière pénétra dans le couvent sous forme de traités religieux. La supérieure les lut, et cette lecture lui remit en mémoire les conseils et les exhortations de sa pieuse mère. La grosse Bible qu'elle lisait sur ses genoux, les vérités qu'elle renferme, le bonheur de sa jeunesse, les joies si pures de la vie de famille, tout cela lui apparut comme dans une vision lointaine. Elle ouvrit la Bible, et bientôt elle y trouva l'assurance du salut et la joie du pardon que le Seigneur accorde gratuitement à ses rachetés.

A dater de ce jour, la vie de couvent lui parut un supplice intolérable. L'adoration de la Vierge, les prières adressées aux saints heurtaient sa foi religieuse. Que faire? Se réfugier chez son père? Il la chasserait. Demander asile à ses parents, à ses amis? Ils la mépriseraient et lui reprocheraient ses vœux rompus et ses serments violés.

Sur ces entrefaites, on apprit au couvent que la guerre civile avait éclaté en France. Las de souffrir depuis tant d'années, les huguenots avaient enfin pris les armes et en étaient venus aux mains avec les catholiques.

Quel triste spectacle que celui d'un pays ravagé par une guerre intestine ! Bientôt l'incendie se propagea jusqu'à Jouarre, qui fut témoin de scènes horribles de carnage.

C'était en 1572. Une bataille s'engagea près du couvent ; les portes furent forcées et les nonnes s'enfuirent dans les bois avoisinants. Le moment était critique pour Charlotte de Bourbon. Ne devait-elle pas jouir enfin de la liberté qui lui était offerte inopinément, et gagner quelque lieu sûr où il lui serait permis de professer publiquement les croyances qui lui étaient redevenues chères ? Elle n'hésita pas un seul instant et, à la faveur d'un déguisement, elle se réfugia en Allemagne, à Heidelberg, où elle trouva des chrétiens qui l'accueillirent avec joie et la confirmèrent dans la vérité évangélique.

Une nonne fuir ! qui eût dit qu'un jour une supérieure, la fille d'un duc, d'un membre de la famille royale de France, abandonnerait l'église romaine et passerait au protestantisme ! La cour fut consternée, et le duc jura qu'il ne pardonnerait jamais à sa fille d'avoir déshonoré sa famille. Il porta publiquement le deuil et se rua, avec plus d'acharnement que jamais, dans la guerre contre les huguenots.

La fugitive avait prévu tout cela. Il lui en coûtait

de provoquer la colère d'un père qu'elle aimait tendrement. Mais pouvait-elle désobéir à Dieu et renier le Maître qui a dit : « Celui qui aime son père ou sa mère plus que moi n'est pas digne de moi, et celui qui ne prend pas sa croix et ne me suit pas n'est pas digne de moi? » (Matth., X, 37, 39.)

Tournons maintenant les regards vers les Pays-Bas. Ce n'est pas une de ces contrées de l'Europe renommées pour leurs montagnes élevées, leurs vallées riantes et leurs forêts profondes, mais bien plutôt une vaste plaine plate, monotone, sans collines et sans rochers. Mais qu'importe, puisque de bonne heure ce pays devint l'asile de la liberté religieuse? C'est au commencement du seizième siècle que le protestantisme s'y implanta, et que des milliers d'exemplaires de la Parole, répandus par des mains inconnues, révélèrent au peuple la vérité qui affranchit et qui sauve.

Les Pays-Bas appartenaient alors à l'Espagne, dont les rois furent toujours les ennemis acharnés de la réforme. Des milliers de protestants furent mis à mort, et pour étouffer l'hérésie naissante, l'inquisition déploya toutes les ressources que la haine et la puissance mettaient entre ses mains ; les bûchers ne s'éteignaient plus, et la torture et la roue étaient en permanence. Mais un jour la patience des martyrs fut à bout ; ils résolurent de briser le joug de fer et de feu qui pesait sur eux. Guillaume d'Orange se mit à leur tête.

Ce prince avait été élevé à la cour de Charles-Quint dans les principes de l'église romaine. Mais parvenu à sa majorité, il avait publiquement embrassé le protestantisme ; sous sa conduite, les protestants avaient vaincu les Espagnols et recouvré leur liberté, et dans leur reconnaissance ils l'avaient proclamé stathouder ou gouverneur des Pays-Bas.

Plusieurs fois déjà, le prince avait entendu louer la piété de Charlotte de Bourbon, et persuadé qu'elle serait qualifiée pour occuper les situations les plus élevées, il rechercha sa main et l'épousa. C'est ainsi que la nonne de Jouarre devint la princesse d'Orange. Est-il besoin d'ajouter qu'elle remplit fidèlement les devoirs de sa haute position et que, toujours simple, modeste, pieuse, charitable, elle fut en exemple aux plus nobles dames de la cour comme à la plus humble mère de famille ?

Mais où trouver ici-bas des joies parfaites et durables ? Un dimanche, le prince et la princesse revenaient du service divin. Comme ils traversaient le vestibule du palais, un assassin se dressa subitement devant eux et tira sur le prince à bout portant. La balle traversa le cou du prince qui tomba à la renverse. Pendant plusieurs jours il courut de graves dangers. La princesse le veilla avec la plus tendre affection, et Dieu exauça ses prières, car, quelques semaines après, la guérison était complète.

La joie fut grande dans la ville d'Anvers lorsque

le prince et la princesse se rendirent solennellement à la cathédrale pour remercier Dieu de cette miraculeuse délivrance. Un même sentiment de reconnaissance animait la foule accourue sur leur passage ; les cloches faisaient entendre leur joyeux carillon ; les vaisseaux étaient pavoisés et des ré-

La cathédrale d'Anvers.

jouissances publiques eurent lieu dans tout le royaume.

Quelques mois après, la santé de la princesse commença à décliner. L'émotion poignante qu'elle avait éprouvée en voyant son mari tomber sous la balle de l'àssassin, les longues nuits passées à son chevet, tout cela l'avait brisée. Ses jours étaient comptés, mais elle savait en qui elle avait cru, et elle attendait du ciel la couronne immortelle promise au fidèle. Sa mort fut un deuil public et la foule en larmes l'accompagna à la cathédrale d'Anvers, où elle fut inhumée.

XI

La conspiration des Poudres.

Arrestation de Guy Fawkes.

C'était vers la fin du mois d'octobre 1605. Lord Monteagle s'était rendu à sa maison de campagne de Hoxton pour assister quelques jours après à l'ouverture du Parlement que le roi Jacques venait de convoquer.

Le village de Hoxton, situé à un mille ou deux de Londres, était à cette époque le séjour préféré des nobles et des riches. Ses champs de blé entourés de haies d'aubépines, ses sentiers étroits et ombragés, ses pelouses émaillées de primevères et de narcisses, ses groupes de petites villas aux façades ornées de roses grimpantes, de jasmin et de chèvrefeuille, justifiaient assez le choix des membres du Parlement qui, pour la plupart, y avaient fixé leur résidence d'été.

Lord Monteagle avait invité quelques amis à dîner pour le samedi 26 octobre. Comme on se mettait à table, un domestique apporta une lettre.

— D'où vient cette lettre? lui demanda lord Monteagle.

Il l'ignorait. Tout ce qu'il put dire, c'est que comme il se tenait près de la porte, un homme de haute taille était subitement sorti de derrière un arbre, lui avait remis la lettre sans prononcer une parole, et s'était rapidement éloigné.

Lord Monteagle jeta négligemment la lettre à un gentilhomme en le priant de la lire à haute voix. L'écriture était informe, contrefaite, à peine lisible. L'inconnu y parlait d'un évènement effroyable qui devait avoir lieu bientôt. « Ne prenez pas cet avertissement à la légère, » disait-il, « et restez à la campagne, où vous ne courez aucun danger. Car quoique rien ne fasse pressentir aucun trouble, le

Parlement recevra une terrible secousse... Gardez-vous de mépriser ce conseil qui peut vous être utile, et qui ne saurait en aucune manière vous être nuisible... »

La lettre n'était point signée. Où et quand avait-elle été écrite? Par qui? Les termes en étaient menaçants, mystérieux. Il fallait aviser au plus tôt.

Le lendemain, de grand matin, lord Monteagle courut chez le comte de Salisbury, grand trésorier de la couronne, et lui montra la lettre. Tous deux se rendirent chez le roi qui assembla aussitôt son conseil. Le roi fit observer qu'il ne pouvait être question d'une émeute, puisque la lettre portait « qu'il n'y aurait pas ombre d'émeute. » Et cependant on annonçait une terrible secousse dont la cause resterait cachée, car personne ne saurait d'où venait le mal. Or, le père du roi avait été victime d'une explosion. Les membres du conseil en conclurent que la lettre faisait certainement allusion à un danger de cette nature.

Transportons-nous maintenant à Enfield-Chase, à quelques milles au nord de Hoxton. C'était, à cette époque, un endroit sauvage et boisé, fréquenté seulement des chasseurs. Près du bois se voyait une misérable masure nommée White-Webbs. C'est là que, dans une chambre étroite, un groupe d'hommes s'était donné rendez-vous pour s'entendre sur les moyens d'exécution d'un horrible dessein. L'un d'eux se nommait Robert Catesby ; le premier il avait eu l'idée du complot et ses compagnons reconnaissaient son autorité. Les autres s'appelaient Winter, Digby, Tresham, Rookwood, Keys, Wright et Percy. Ils appartenaient tous à la noblesse ; quelques-uns jouissaient d'une grande fortune, tous étaient catholiques. Mais Guido Vaux, ou Guy Fawkes, était encore celui qui dans cette affaire devait jouer le principal rôle. C'était un ancien soldat, calme, hardi, résolu, très attaché à sa religion ; il pensait faire une œuvre méritoire en exterminant les protestants.

Ces hommes s'étaient rencontrés plusieurs fois déjà auparavant. Depuis de longs mois, ils épiaient le moment où les nobles du royaume, le roi et les princes se trouveraient réunis pour s'occuper des affaires de l'Etat, et leur projet était de les faire sauter tous ensemble. Ils faisaient ainsi disparaître les principaux chefs protestants et préparaient le retour de la religion catholique.

Avaient-ils été encouragés dans ces horribles desseins par quelque lettre venue de Rome ? On l'ignore. Quoi qu'il en soit, ils s'étaient mis à genoux et avaient solennellement juré de ne point se trahir les uns les autres. Un prêtre, Gérard, avait célébré la messe et leur avait administré les sacrements, donnant ainsi à cette coupable entreprise la sanction de l'Eglise.

Plusieurs mois s'étaient déjà écoulés dans une

vaine attente. Percy commençait à perdre patience.

— Parlerons-nous toujours, et n'agirons-nous donc jamais? disait-il avec humeur.

Mais ses compagnons pensaient que le moment propice n'était pas encore venu. Avant tout il fallait procéder avec circonspection, de peur de compromettre le succès de l'entreprise.

Les conjurés avaient loué, tout près de la salle des séances du Parlement, deux maisons où ils avaient habilement dissimulé un grand nombre de barils de poudre. Sept d'entre eux essayèrent même de percer les fondations pour y faire un trou de mine. Mais les murailles du Parlement étaient épaisses, et elles défièrent leurs efforts. Guy Fawkes se tenait en sentinelle à la porte; au moindre bruit il donnait un signal, et ses compagnons interrompaient leur travail. Ils étaient tous armés jusqu'aux dents et résolus à mourir plutôt que de se rendre, s'ils étaient découverts.

Parfois ils s'arrêtaient subitement au bruit d'une cloche qui leur semblait sortir de terre.

« Serait-ce pour nous avertir que le glas funèbre sonnera bientôt pour nous? » se disaient-ils à voix basse. Et ils essayaient de calmer leurs terreurs secrètes en s'aspergeant de l'eau bénite qu'un prêtre catholique leur avait procurée. En dépit de leur bravoure, ils ne pouvaient se défendre de certaines craintes; leur conscience parlait encore. Que cette parole des Proverbes est vraie : « Le méchant fuit même sans qu'on le poursuive; mais les justes sont courageux comme des lions! » (XXXVIII, 1.)

Un jour ils entendirent tout à coup un grand bruit au-dessus d'eux. Les avait-on découverts? Non! C'était un marchand de charbon, nommé Bright, qui

Souterrain de Guy Fawkes.

déménageait. Sa cave était à louer; elle donnait précisément sous la salle où le Parlement allait s'assembler. Jugez de la joie des conjurés! Sans perdre une minute, ils y transportèrent secrètement, pendant la nuit, trente-six barils de poudre. De grosses pierres, des barres de fer, semées çà et là, devaient donner plus de force à l'explosion; des poutres en bois dissimulaient le tout.

Tout semblait prêt pour le moment fatal. Ils avaient tenu leur serment! l'heure de la vengeance allait sonner! Qui pouvait prévenir le complot?...

Le lendemain, lord Monteagle et le grand chambellan, descendaient, comme par hasard, dans les souterrains. En pénétrant dans une des nombreuses caves, ils aperçurent un homme de haute taille, debout près d'une énorme pile de bois. C'était Guy Fawkes en personne; le vieux soldat conserva tout son sang-froid dans ce moment critique.

— Qui êtes-vous? demanda le grand chambellan de l'air le plus indifférent du monde.

— L'employé de M. Percy, répondit-il : je surveille le dépôt.

— Votre maître a là une fameuse provision de combustible, observa le grand chambellan en se retirant.

Quand les visiteurs eurent disparu, Guy Fawkes respira plus à l'aise, un sourire effleura ses lèvres et on eût pu l'entendre murmurer :

— Tout va bien! pas encore découverts!

Quand le grand chambellan fit part du résultat de ses recherches aux membres du conseil, tous furent d'avis que cette provision énorme de charbon et de bois était inexplicable, et il fut décidé que le soir même une nouvelle descente serait opérée dans les souterrains; un officier du palais et des soldats en armes se tiendraient prêts à tout événement.

Ce soir-là, Guy Fawkes s'installa résolument dans le caveau. Il avait reçu la communion des mains d'un prêtre et il ne doutait plus du succès final. Sa

Lanterne de Guy Fawkes.

lanterne sourde pendait à la porte; une traînée de poudre allait de l'entrée aux barils; la mèche était prête; une montre (objet rare en ce temps-là), devait lui marquer le moment précis d'y mettre le feu; un cheval tout sellé l'attendait à quelque distance.

L'horloge de l'abbaye de Westminster sonna minuit, puis une heure, puis deux heures... Le jour fatal du 5 novembre allait enfin se lever..., les rues étaient silencieuses. Guy Fawkes ouvrit lentement la porte du caveau et fit quelques pas pour inspecter les abords et respirer l'air frais du matin. Mais il était à peine dans la rue, qu'un officier bondit

La porte du traître (Tour de Londres).

sur lui et l'étreignit avec force. Le malheureux se débattit en désespéré; mais les soldats se ruèrent sur lui, le terrassèrent et, après l'avoir enchaîné, le conduisirent en lieu sûr à la Tour de Londres.

La nouvelle du complot auquel le roi Jacques et le Parlement venaient d'échapper comme par miracle se répandit bientôt dans la ville. De grand matin, Guy Fawkes fut traduit devant le Conseil; il fit l'aveu

Mort des complices de Guy Fawkes.

de son crime et s'en glorifia; mais il refusa de nommer ses complices. On le conduisit sous bonne escorte à la Tour de Londres ; son procès s'instruisit, et après de longs débats, il fut condamné à mort et exécuté dans la cour de l'église Saint-Paul.

Pendant toute la journée du 5 novembre, les autres conjurés avaient attendu vainement l'explosion. Lorsqu'ils apprirent l'arrestation de Guy Fawkes, ils se réfugièrent en toute hâte au château de Hollbeach dans le comté de Stafford et résolurent de s'y défendre jusqu'à la mort. Bientôt le shérif escorté de soldats entoura le château, et somma les traîtres de se rendre. Sur leur refus, une lutte acharnée s'engagea. L'un des conjurés, atteint d'une flèche, fut mis hors de combat; deux autres tombèrent mortellement blessés; Catesby et Percy, adossés l'un à l'autre, se défendirent en désespérés ; une double décharge les étendit sur place ; les autres furent cernés, fait prisonniers et exécutés pour crime de haute trahison.

Tel est, en quelques mots, le récit de ce complot célèbre formé contre les protestants d'Angleterre. Admirons cette délivrance miraculeuse à laquelle ils doivent, en partie du moins, leur liberté religieuse et leur indépendance, et témoignons de notre gratitude, en nous plaçant sous la bienfaisante influence de cette religion de la Bible, que la Réforme a rétablie dans sa pureté primitive.

XII

La couronne perdue.

White-Hall sous Jacques II.

Le 6 février 1685, des hérauts publiaient sur la place de White-Hall, à Londres, que Jacques II venait de monter sur le trône. Aussitôt une foule joyeuse se répandit par toute la ville ; des oriflammes furent hissés sur tous les monuments ; les cloches des églises se mirent en branle; le canon fut tiré à la Tour, et de la cité s'éleva comme une immense clameur.

On savait bien que Jacques était catholique ; mais il avait fait de solennelles promesses, et la nation croyait qu'il respecterait la religion réformée et les lois.

— Nous avons la parole du roi, disaient les plus honnêtes, et un roi pourrait-il manquer à sa parole?

— Nous conservons nos craintes, ajoutaient les plus soupçonneux ; mais nous espérons que tout ira pour le mieux.

Comment Jacques tint ses promesses, c'est ce que le récit suivant nous apprendra.

Trois semaines à peine se sont écoulées depuis l'avénement du roi ; un vieillard, au regard plein de douceur, comparaît devant le juge pour répondre à une accusation de sédition. C'est le bon Richard Baxter, qui pendant de longues années a annoncé l'Evangile et amené beaucoup d'âmes au Sauveur par ses écrits. Au tribunal siège Jeffries, un scélérat, ennemi de la liberté et de la vérité, prêt à seconder les projets d'un roi despote.

Le prisonnier a été brutalement arraché du lit où la maladie le retenait ; il demande quelque répit pour préparer sa défense.

— Je ne lui donne pas une minute pour sauver sa vie, s'écrie le juge.

Et il ajoute avec un rire cynique :

— Nous avons eu affaire à d'autres sortes de gens ; aujourd'hui nous avons affaire à un saint ; mais, rassurez-vous, je sais comment on procède avec les saints.

L'avocat se lève ; il évoque le passé de Richard, il rappelle son amour de la paix, et le dévouement dont il a donné tant de preuves à la famille royale.

— Assez ! assez ! s'écrie Jeffries ; c'est un vieil imbécile, un misérable ingrat, un chef de faction, un chien obstiné. Qu'on le pende ! ou qu'on le fouette sur la place publique !

Baxter veut répondre. Jeffries l'interrompt :

— Or çà ! Richard ! crois-tu que nous allons te laisser empoisonner le pays ? On remplirait un chariot des livres que tu as écrits, et chacun d'eux est plein de sédition. Il y a quarante ans qu'on aurait dû te châtier comme tu le mérites. Je vous écraserai tous, entends-tu ? Et maintenant parle ! qu'as-tu à dire pour ta défense ?

— Je suis prêt à produire tous mes ouvrages, répond Baxter ; ma vie et ma conduite sont connues de tous ceux de ma nation.

En disant ces mots, il se tourne vers l'assemblée et montre du doigt les pasteurs qui sont venus courageusement témoigner en sa faveur.

A cette vue, l'œil du juge étincelle de fureur, il

accable d'outrages le prisonnier, et, dans sa rage, il lui jette à la face une dernière insulte :

— Il n'y a pas, dans toute l'Angleterre, un seul honnête homme qui ne te tienne pour un coquin.

— Quand je vis, dit un témoin oculaire, ce vieillard vénérable en présence de ce juge furieux, je me représentai saint Paul devant Néron. Le cruel traitement qu'on lui faisait subir m'arrachait des larmes ainsi qu'aux autres spectateurs.

Le roi d'Angleterre ne peut promulguer ni abroger aucune loi sans le consentement du Parlement. Cela déplaisait à l'orgueilleux Jacques II, qui voulait avant tout favoriser ses sujets catholiques. Au mépris de la constitution, il publia dans ce but un décret dont il enjoignit au clergé de donner lecture dans toutes les églises. Les évêques, justement émus, se rendirent aussitôt au palais et supplièrent le roi de rapporter le décret. Le roi les chassa avec la dernière insolence et les fit arrêter. Quelques jours après, une barque, escortée d'autres barques chargées de soldats, descendait la Tamise et conduisait en prison les sept évêques trop audacieux. Les habitants se pressaient sur les deux rives pour les saluer au passage et recevoir leur bénédiction. On les traduisit devant le tribunal pour refus d'obéissance au roi. Le procès dura toute la journée ; la nuit, les jurés furent enfermés dans des cellules obscures ; on espérait obtenir ainsi la condamnation des accusés. Mais les juges rendirent un verdict négatif. Quand les évêques parurent, un immense cri de réjouissance s'éleva, semblable aux vagues de la mer; la ville entière semblait transportée d'allégresse, et des feux de joie illuminèrent toutes les rues.

Le roi Jacques passait en ce moment même la revue des troupes.

— Qu'y a-t-il donc? demanda-t-il en entendant un grand bruit.

— Oh! rien! ce sont les soldats qui se réjouissent de l'acquittement des évêques.

— Et vous appelez cela rien? fit le roi troublé; mais n'importe ! tant pis pour eux, ajouta-t-il avec dédain.

On ne tarda pas à s'apercevoir que le but avoué du roi était d'opprimer les protestants et de rétablir l'autorité du pape dans son antique splendeur. Dès le second dimanche qui suivit son avènement, il se rendit en grande pompe à la chapelle royale et fit ouvrir les portes toutes grandes pendant la célébration de la messe. Des écrits en faveur du catholicisme se répandirent dans toute l'Angleterre. Un ambassadeur se rendit auprès du pape pour lui porter l'hommage du roi, et le pape charmé envoya son légat en Angleterre où il fut reçu avec éclat. Les savants les plus illustres des universités de Cambridge et d'Oxford se virent destitués; les monastères se multiplièrent à l'infini, et tel était, dans les rues, le nombre des prêtres en longues robes noires, que le roi put se vanter que les villes de l'Angleterre ressemblaient à s'y méprendre aux villes des Etats du pape.

Le roi ne s'en tint pas là. Un grand nombre de fonctionnaires protestants furent remplacés par des catholiques ; un prêtre devint son conseiller. Il alla jusqu'à vouloir contraindre sa fille, la princesse Anne, à se joindre à l'Eglise romaine, et jusqu'à priver de ses droits à la couronne sa fille aînée Marie, la femme du prince d'Orange, parce qu'elle était protestante. Il poussa ses prétentions si loin que l'ambassadeur d'Espagne lui-même le prévint des dangers que ces mesures oppressives lui feraient courir.

— Est-ce que votre roi ne consulte pas aussi les prêtres ? demanda Jacques.

— Oui, sire, répondit l'ambassadeur, il les consulte, et c'est pour cela que les affaires vont si mal chez nous.

La lourde main du tyran pesait sur toutes les libertés nationales. Une révolte devenait imminente. Le duc de Monmouth, neveu du roi, et le comte d'Argyle en donnèrent le signal. Mais leur plan était mal conçu ; l'argent et les armes faisaient défaut. Les troupes royales en eurent facilement raison, et les insurgés périrent pour la plupart dans une sanglante rencontre. C'était le moment de montrer quelque grandeur d'âme en pardonnant aux rebelles. Un tel acte eût gagné bien des cœurs au roi. Il n'en fut rien.

Un des prisonniers fut amené devant lui.

— Je sais, lui dit le roi, qu'il est en mon pouvoir de te faire grâce.

— Oui, dit l'homme qui connaissait ses instincts cruels, vous en avez le pouvoir; mais ce n'est pas dans votre caractère.

Réponse hardie, mais imprudente, qui lui coûta la vie.

L'infâme Jeffries fut envoyé à la tête des troupes pour châtier les rebelles ou ceux qui les avaient secrètement favorisés. Des centaines de malheureux furent pendus dans l'espace de quelques jours. Entre Exeter et Bristol, sur une étendue de six milles, on put voir des pieux sanglants surmontés de têtes coupées. Plusieurs furent brûlés vifs et des milliers vendus comme esclaves. Au nombre de ces dernières victimes figuraient vingt-sept jeunes filles dont le seul crime était d'avoir présenté une Bible et un drapeau au duc de Monmouth.

Pendant des semaines, Jeffries poursuivit son œuvre de destruction et, après avoir mis tout à feu et à sang, il eut le cynisme de s'accuser de faiblesse et d'indulgence. Le roi rit de grand cœur au récit de sa « campagne; » c'est ainsi qu'il appelait cette horrible tuerie.

Au milieu de la consternation générale, on apprit que Jacques II avait reçu du roi de France Louis XIV, 20,000 livres (500,000 francs) à titre d'encouragement, et qu'une guerre d'extermination était faite aux huguenots, dont un grand nombre se voyaient obligés de fuir à l'étranger. Le récit de leurs souffrances et des persécutions qu'ils avaient supportées remplit les âmes d'une nouvelle terreur, et l'on comprit que c'en était fait du protestantisme, si Jacques II réussissait à rétablir le pouvoir du pape en Angleterre.

Ces craintes ne tardèrent pas à se confirmer. Les lieux de culte furent fermés et les pasteurs jetés en prison. Pour échapper à leurs ennemis, les fidèles furent contraints de s'assembler la nuit et de célébrer secrètement l'office divin. Des amis placés en sentinelles veillaient au dehors et donnaient le signal d'alarme au moindre danger.

Mais le jour vint où, las de souffrir, les opprimés se levèrent et résolurent de secouer le joug abhorré qui pesait sur eux. Nombreux étaient leurs griefs. Il n'y avait plus d'autre loi que la volonté du roi; plus de justice, plus de sûreté dans le royaume. N'était-il pas de leur devoir de veiller au maintien des lois et de la religion?

— Nous avons été foulés aux pieds, disaient les uns, ne nous relèverons-nous pas comme des hommes libres?

— Oui, disaient les autres, notre patience est à bout ; lorsque l'arc est trop tendu, il se brise.

Tous les regards étaient dirigés sur le prince d'Orange, qui avait épousé Marie, fille aînée du roi Jacques. C'était un homme de talent, plein de bonté pour ses sujets et zélé protestant.

Les seigneurs protestants décident d'offrir la couronne au prince d'Orange.

Enfin au commencement de l'année 1688, plusieurs seigneurs protestants, secrètement réunis dans les sous-sols d'un bâtiment situé près de la Tamise, décidèrent d'appeler le prince d'Orange à leur secours et s'engagèrent solennellement par écrit à lui prêter main-forte. Guillaume réunit ses troupes, et vers la fin d'octobre « un vent protestant soufflant de l'Est, » le portait en Angleterre. Sa flotte comptait sept cents navires de guerre, et sur le drapeau du vaisseau amiral il avait fait graver en gros caractères ces paroles mémorables :

La flotte de Guillaume d'Orange.

« JE MAINTIENDRAI LA RELIGION PROTESTANTE ET LES LIBERTÉS DE L'ANGLETERRE. »

Le 5 mai 1688, — le jour même où, quatre-vingt-quatre années auparavant, la conspiration des poudres avait été déjouée — Guillaume débarquait de Torbay, au milieu des acclamations du peuple entier. Un officier courut bride abattue jusqu'à

White-Hall, pour annoncer cet événement au roi Jacques. Le roi devint pâle, la lettre lui tomba des mains et on le vit pleurer.

Bientôt ceux que la crainte retenait auprès de lui l'abandonnèrent. Attaqué par son propre gendre, trahi par ses courtisans, peu sûr de son armée, haï du peuple, il connut les angoisses du désespoir. Mais le coup le plus sensible lui fut porté par sa fille la princesse Anne, qui se réfugia auprès du prince d'Orange. On rapporte qu'en apprenant cette nouvelle, le malheureux père s'écria avec amertume : « Juste ciel! faut-il que mes enfants eux-mêmes m'abandonnent! »

Le 11 décembre, de grand matin, le roi Jacques II quittait précipitamment son palais et gagnait la France sur un petit bateau qu'il avait frêté à grand'peine.

Il débarqua le lendemain au petit port d'Ambleteuse, non loin de Boulogne. Le nonce du pape se sauva déguisé en laquais; mais Jeffries fut reconnu sous son habit de marin. Cette capture souleva dans toute l'Angleterre un immense cri de joie. Pour le préserver de la colère du peuple, on dut l'enfermer à la Tour de Londres, où il mourut bientôt après.

Ainsi se termina le règne de Jacques. « Règne court, sans gloire, une tache dans l'histoire de l'Angleterre. Sa fuite laissait le trône vacant. Les membres du parlement et les pairs du royaume élurent le prince d'Orange, qui donna au peuple une *charte* par laquelle il s'engageait solennellement à respecter les lois et à maintenir la religion protestante que son prédécesseur avait tenté d'abolir. »

Puissent nos jeunes générations ne jamais oublier à quel prix fut acquise la liberté religieuse dont elles jouissent aujourd'hui, et remercier Dieu des bénédictions et des délivrances accordées à son Eglise !

XIII

Histoire d'une Bible.

Aujourd'hui que l'Evangile est annoncé librement à des milliers d'âmes et que chacun peut lire la Parole de Dieu, on oublie trop aisément en effet au prix de quelles persécutions cette liberté fut conquise. Jetons un coup d'œil sur ce passé sanglant et douloureux.

En 1428, un homme, nommé Laurent Coster, se promenait aux environs de la vieille cité de Harlem, en Hollande. Arrivé près d'un arbre, il prit son couteau et détacha un morceau d'écorce qu'il se mit à creuser. De retour chez lui, il remarqua que, sans s'en douter, il avait sculpté en relief un certain nombre de lettres. L'idée lui vint de réunir ces lettres au moyen d'une ficelle, puis de les noircir et de les appliquer sur une feuille de papier. Jugez de son étonnement, lorsqu'il vit les mêmes caractères se reproduire exactement sur la feuille ! Le principe de l'imprimerie était découvert !

Quelques années plus tard, Guttenberg inventait les caractères en métal et donnait à l'art de l'imprimerie un essor merveilleux. Le premier livre qui sortit de ses presses fut une Bible latine ; on mit environ huit ans à l'achever.

L'Angleterre ne tarda pas à bénéficier de cette découverte, grâce à Tyndale qui traduisit les Ecri-

Tyndale.

tures en langue vulgaire. Tyndale étudiait à Oxford, et un jour qu'il parlait de l'excellence des Ecritures, ses condisciples se moquèrent de lui.

— La Bible ! à quoi nous servirait-elle ? N'avons-nous pas le pape ?

— Eh bien, reprit Tyndale avec indignation, si Dieu me prête vie, avant peu vous verrez qu'un valet de charrue connaîtra mieux les Ecritures que vous.

Il y avait à cette époque à Londres un pieux et riche commerçant qui avait trouvé la vérité qui sauve en lisant les livres réformés allemands. Il connaissait Tyndale et l'engagea vivement à se mettre à l'œuvre sans tarder. Comme un tel travail n'était pas sans danger, Tyndale se réfugia en Allemagne. Au bout d'un an, le Nouveau Testament était traduit et des négociants le portèrent secrètement à Londres et dans toutes les grandes villes de l'Angleterre.

Quand l'évêque de Londres apprit que des Nouveaux Testaments imprimés se répandaient partout, sa colère fut grande. Il donna l'ordre de faire une perquisition générale chez tous les libraires et jusque chez les étudiants d'Oxford. Plusieurs de ces derniers furent saisis et jetés en prison ; on en contraignit d'autres à apporter des fagots et à brûler eux-mêmes les livres saisis chez eux.

Enfin l'évêque s'avisa d'un plan très habile, pensait-il, et qui devait infailliblement arrêter l'invasion. Convaincu que si chaque exemplaire était acheté sur place, l'édition serait bientôt épuisée, il s'aboucha avec un riche armateur.

— « Hâtez-vous d'en faire l'acquisition, » lui dit-il, « et je vous les paierai ce qu'ils vous coûteront. »

L'armateur mit à la voile et s'acquitta fidèlement

de sa mission. Quelque temps après, le bruit se répandit qu'une grande exécution allait avoir lieu. L'évêque fit en effet allumer un grand feu sur une des places publiques de Londres, et des centaines de Nouveaux Testaments furent jetés dans les flammes, tandis que, du haut d'une chaire, un prêtre célébrait ce glorieux auto-da-fé.

Grand auto-da-fé de livres saints à Londres.

Mais, ô mécompte ! il en arrivait sans cesse et en plus grand nombre. L'évêque, furieux, manda l'armateur et lui dit :

— D'où vient cela ? Ne m'aviez-vous pas affirmé que vous les aviez tous achetés ?

— Oui, monseigneur, j'ai acheté tous les exemplaires qui étaient *alors* disponible ; mais à ce que je vois, ils ont dû en publier d'autres *depuis*. Vous n'y pouvez rien, monseigneur, tant qu'ils auront les caractères et les presses. Le mieux serait peut-être de les acheter aussi.

L'évêque ne put se défendre de sourire à cette réponse naïve, car il pensait en lui-même qu'avec son argent, on s'empresserait d'acheter de meilleures

Tyndale en prison.

presses et de nouveaux caractères, de telle sorte qu'il servirait ainsi la cause qu'il voulait perdre.

Fatigué de cette lutte inutile, l'évêque résolut de mettre la main sur l'auteur de tout le mal. Des espions furent lancés dans toutes les directions pour découvrir sa retraite, et bientôt la ruse et la violence le firent tomber entre les mains de ses ennemis. Pendant qu'il poursuivait paisiblement la révision de la Bible à Anvers, deux loups en habit de brebis vinrent le voir, et gagnèrent sa confiance en simulant un profond respect pour l'Evangile et les vérités qu'il renferme. Un jour qu'ils se promenaient ensemble, ils arrivèrent à une sorte de couloir très étroit. Les deux amis cédèrent poliment le pas à Tyndale, qui passa le premier. Mais à peine était-il parvenu à l'extrémité du couloir, que deux soldats le saisirent brutalement et l'emmenèrent rapidement dans un château près de Bruxelles. Sa foi en Christ transforma sa cellule en un sanctuaire de joie et d'espérance, et telle était la sainteté de sa vie que les autres prisonniers disaient :

— Si celui-là n'est pas un bon chrétien, nous ne savons plus à qui croire.

Le geôlier et sa famille se convertirent en entendant ses exhortations. Quelques mois après, Tyndale était condamné comme hérétique à être brûlé vif. Lorsqu'on l'attacha au poteau fatal, il regarda le ciel et s'écria :

— Seigneur, ouvre les yeux du roi d'Angleterre !

Sa prière fut exaucée, car trois ans après, le roi Henri autorisait la libre propagation de la Bible dans tout le royaume.

Edouard VI fit encore plus pour la diffusion des saintes Ecritures. Le jour de son couronnement, comme on lui présentait les trois épées traditionnelles, il demanda où était la quatrième.

— La quatrième, sire?

— Oui, la Bible, ce livre qui est l'épée de l'Esprit; sans lui nous ne sommes rien, nous ne pouvons rien.

Marie la Sanglante était une fervente catholique. Un de ses premiers actes fut de proscrire la Bible. Elle espérait ramener ainsi son peuple au catholicisme et de nouveau les fidèles furent mis en demeure de choisir entre Dieu et le pape : se prononcer en faveur de la Bible, c'était s'exposer à la mort. Cependant un grand nombre, et parmi eux des femmes et des enfants, donnèrent joyeusement leur vie plutôt que de renier le Maître. John Rogers fut le premier de cette noble « nuée » de martyrs anglais qui scellèrent de leur sang leur amour pour le Sauveur.

Après un règne sans honneur, Marie mourut, et sa sœur Elisabeth monta sur le trône. C'était alors la coutume de relâcher tous les prisonniers. Quand ils eurent été mis en liberté, un des seigneurs s'approcha de la reine et lui dit :

— Il en reste encore quatre ou cinq que l'on a oubliés.

— Et lesquels? demanda Elisabeth avec surprise.

— Matthieu, Marc, Luc, Jean et Paul, reprit le courageux seigneur, il y a longtemps qu'on les a mis sous les verrous pour les empêcher de parler au peuple, et le peuple soupire après eux.

Elisabeth était protestante; elle rapporta le décret

de Marie la Sanglante, et l'Evangile fut de nouveau distribué au peuple. En quelques années, deux cent seize éditions de la Bible parurent en Angleterre.

Enfin en 1504, sous le règne de Jacques Ier, une grande assemblée fut convoquée au palais de Hampton-Court,

Palais de Hampton-Court.

dans le but de donner au peuple une traduction définitive de la Bible. Sept ans après, ce grand travail de révision était achevé et le peuple anglais possédait cette admirable « version autorisée » dont il se sert encore aujourd'hui.

Si Pierre Waldo, Wiclef, Luther, Tyndale, revenaient au milieu de nous, quelle joie n'éprouveraient-ils pas en voyant la Bible répandue dans tous les pays du monde ! Avec quels transports ils admireraient ce saint livre traduit en plus de deux cent-vingt langues ou dialectes différents !

Heureux les yeux qui voient ce que nous voyons ! Car *plusieurs prophètes et plusieurs sages ont désiré de voir ce que nous voyons et ne l'ont pas vu et d'entendre ce que nous entendons et ne l'ont pas entendu* (Matth., XIII, 17).

Les persécutions ont cessé ! les bûchers se sont éteints, et bientôt, nous en avons la joyeuse assurance, tous les peuples marcheront à la lumière de cet Evangile éternel, et *toute langue confessera que Jésus est le Sauveur, à la gloire de Dieu le Père.*

TABLE DES MATIÈRES

FIN DE LA TABLE DES MATIÈRES.

SE TROUVE :

A TOULOUSE,

Chez Paul LAGARDE, libraire, rue Romiguières, 7.

A PARIS,

Chez GRASSART, libraire, rue de la Paix, 2;
Chez J. BONHOURE et Ce, rue de Lille, 48;
Chez CHASTEL, libraire, rue Roquépine, 4.

A STRASBOURG. Chez VOMHOFF, libraire;
Chez TREUTTEL et WURTZ, libraires.

A NIMES. . . . . . Chez PEYROT-TINEL, libraire;
Chez B. GARVE, libraire.

A MARSEILLE. . . Chez DE ROBERT, libraire, place de la Bourse, 6.

A MONTPELLIER. Chez POUJOL, libraire.

A CASTRES. . . . Chez BONNET, libraire.

AU HAVRE.. . . . Chez POINSIGNON, lib., place de l'Hôtel-de-Ville, 10.

A BORDEAUX. . . Chez FERET et FILS, libraires, cours de l'Intendance, 15.

A ALGER. . . . . . Chez M. STRUBHARD, libraire, rue de Rovigo, 17.

A LONDRES.. . . . The Religious Tract Society, 56, Paternoster Row.

A GENÈVE. . . . . Chez A. CHERBULIEZ et Ce, libraires.

A LAUSANNE. . . Chez IMER et PAYOT, libraires;
Chez MEYER, libraire;
Chez ROUGE et DUBOIS, libraires.

A NEUCHATEL. . Chez DELACHAUX frères, libraires;
Chez KISSLING, libraire.

A BERNE. . . . . . SOCIÉTÉ ÉVANGÉLIQUE.

A BRUXELLES. . Librairie de la Société évangélique, rue Duquesnoy, 7.

A AMSTERDAM. . Chez Van BAKKENÉS et Ce, libraires.

www.ingramcontent.com/pod-product-compliance
Ingram Content Group UK Ltd.
Pitfield, Milton Keynes, MK11 3LW, UK
UKHW022113260726
13993UKWH00001B/492

9 782329 461335